Ingrid Moras

Coole Bänder

bunt & frech

CREATIV COMPACT

CHRISTOPHORUS

Inhalt

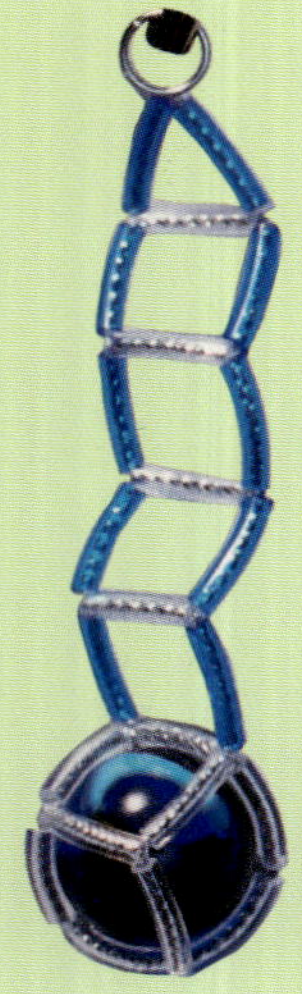

Fantastic Plastic

Ausgehend von Frankreich machen kunterbunte „Scoubidous“ auch bei uns Blitzkarriere. Von den farbenfrohen Plastikschnüren müssen magische Kräfte ausgehen, denn sonst hätten sie sich nicht in kürzester Zeit zu den angesagtesten Accessoires entwickeln können. Super easy zu knüpfen sind sie – und unerschöpflich sind die Gestaltungsmöglichkeiten.

Rundum zum Renner werden die kleinen Figuren auf Bleistiften. „Fun & function“ vereinen sich bei den fantasievoll ummantelten Kugelschreibern. Außerdem liegt einiges in der Luft, ob es Bilderrahmenketten am Fenster oder bunte Vögel am Handy sind. Knallfarben sind bei Strandschuhen angesagt; farbenfroh verkleidet werden sie sicher zum Eyecatcher des Sommers. Lange Schlüsselketten sorgen für frische Farbkleckse. Kinder aus aller Welt ziehen alles magnetisch an und kleine Tiere auf Holzklammern sind der Geschenk-Hit.

Viel Spaß beim Festival der farbenfrohen Flechtwerke!

Ingrid Moras

Material & Technik

Bunte Kunststoffschnüre

Die Schnüre mit dem Durchmesser von ca. 2 mm sind meist zwischen 80 bis 100 cm lang. Es gibt opake und transparente Schläuche sowie transparente Schnüre mit Glitter oder Silbereinzug. Tiere, die aus Schnüren mit Silbereinzug geknüpft werden, sind größer, da durch den Silbereinzug die runde Form beim Knoten erhalten bleibt (siehe roter und grüner Papagei).

Materialien und Hilfsmittel

Messingdraht (0,8 mm ∅) eignet sich zum Einziehen in die Schnüre. Holzkugeln als Köpfe verwenden. Wenn die Bohrung zu klein ist, diese mit einem Bohrer, einer Feile oder durch Drehbewegungen eines spitzen Messers vorsichtig erweitern. Gesichter mit Acrylfarben mit einem dünnen Pinsel aufmalen oder mit einer Sticknadel auftupfen und am besten mit Acryl-Mattlack schützen. Holzklammern, Magnete, Schlüsselkarabiner und Deko-Sauger gibt es im Hobby-Fachhandel, ebenso Laternenfolie, Perlonfaden und Klangstäbe. Mit Handy-Anhängern oder Ösen werden die Flechtwerke an Handys, Taschen, Reißverschlüssen usw. eingehängt. Kugelschreiberminen sind in Lebensmittel- und Schreibwarengeschäften erhältlich. Sekundenkleber (Vorsicht Finger) und eine Sticknadel werden gelegentlich benötigt.

Die Bündelung der Schnüre

Beim Schlingenknoten eine Schnur um alle anderen Schnüre wickeln und die Schnur dann fest anziehen.

Beim Weberknoten mit den beiden äußeren Schnüren die übrigen Schnüre umknoten: Die rechte Schnur über das Schnurbündel nach links legen. Die linke Schnur über die rechte Schnur, dann hinter dem Schnurbündel nach rechts und von hinten nach vorne durch die Schlinge der ersten (rechten) Schnur ziehen. Die Enden anziehen. Den nächsten Knoten in der gleichen Weise, allerdings von links nach rechts legen. So bleibt das geknotete Band gerade.

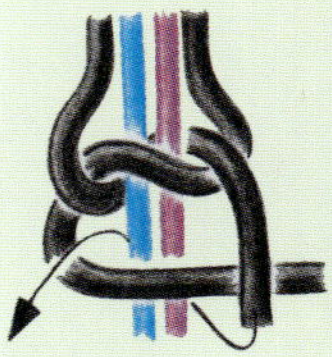

Viereckige Geflechte

Mit vier Schnüren

Der Anfang mit und ohne Schlaufe

In der Mitte einer schwarzen Schnur einen einfachen lockeren Knoten legen. Eine blaue Schnur in der Mitte rund biegen und diesen Bogen durch den schwarzen Knoten ziehen. Zuletzt den schwarzen Knoten anziehen. Die blaue Schlaufe dient als Aufhängung.
Für einen Anfang ohne Schlaufe die blaue Längsschnur mittig (ohne Knoten) auf die Mitte der schwarzen Querschnur legen.

Der erste Knoten

1 Die Schnüre in die richtige Position legen: die schwarzen Schnüre nach links und rechts, die blauen nach oben und unten. Die rechte schwarze Schnur waagrecht nach links und die linke schwarze Schnur waagrecht nach rechts biegen und in dieser Position mit den Fingern festhalten.

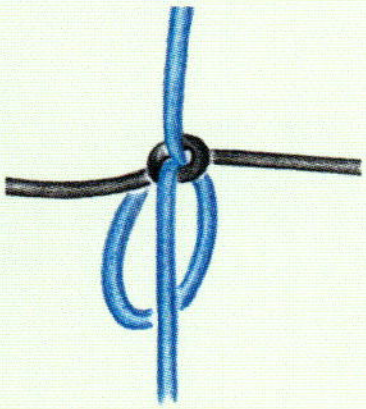

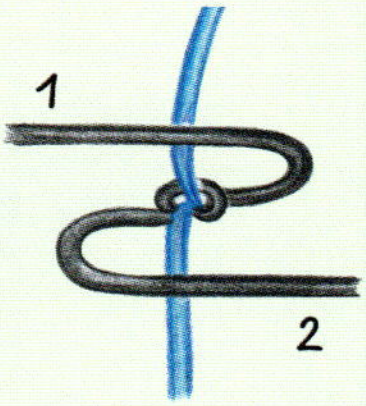

2 Die nach unten zeigende blaue Schnur über die untere schwarze Schnur und unter die obere schwarze Schnur senkrecht nach oben biegen. Die nach oben zeigende blaue Schnur über die obere schwarze Schnur und unter die untere schwarze Schnur senkrecht nach unten biegen. Alle Schnüre gleichmäßig anziehen. So ergibt sich ein Quadrat.

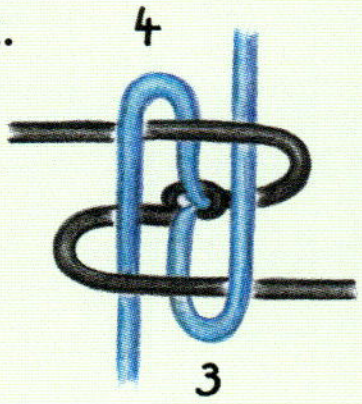

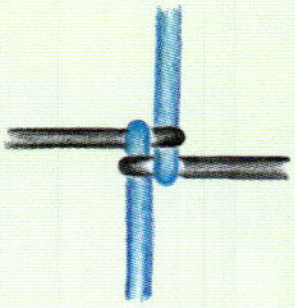

Der zweite Knoten

Für den zweiten Knoten die obere schwarze Schnur waagrecht nach rechts, die untere schwarze Schnur waagrecht nach links legen. Die obere blaue Schnur einmal über, einmal unter der schwarzen Schnur senkrecht nach unten führen und die untere blaue Schnur in der gleichen Weise senkrecht nach oben. Dann wieder den ersten Knoten ausführen. Die waagrecht gelegten Schnüre ergeben die Seiten, die senkrecht eingeflochtenen Schnüre Vorder- und Rückseite des Flechtwerks.

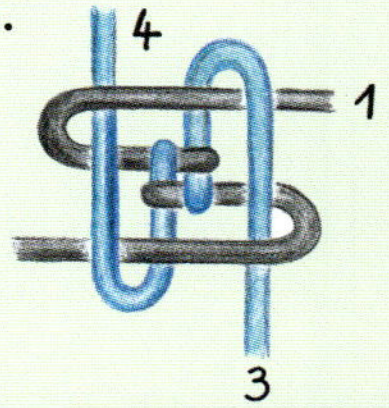

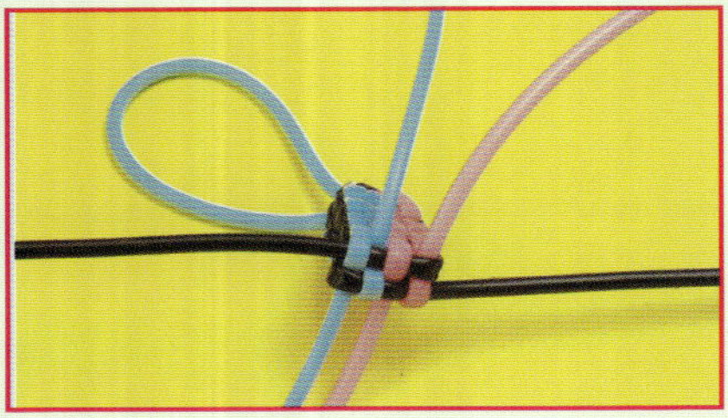

Mit sechs Schnüren

Für ein viereckiges Geflecht mit sechs Schnüren zusätzlich eine pinkfarbene Schnur bis zur Mitte in den Knoten einziehen und die Schnüre ordnen: Die beiden schwarzen Schnüre liegen waagrecht und ergeben die Seiten des Flechtwerks. Die vier senkrechten farbigen Schnüre nacheinander einflechten wie beim Geflecht mit vier Schnüren. Es ergibt sich ein Rechteck.

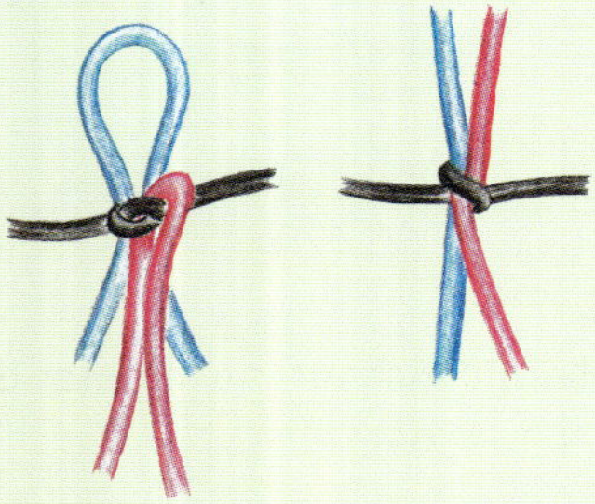

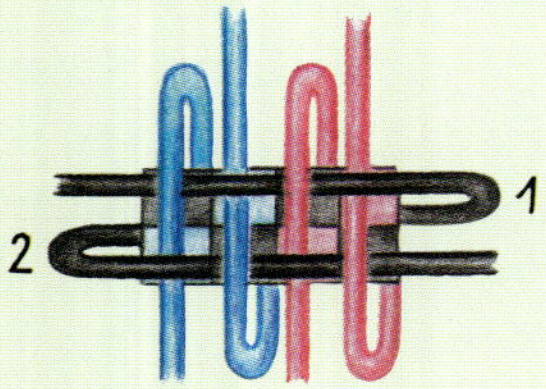

Mit acht Schnüren

Für ein Geflecht mit acht (zehn, zwölf ...) Schnüren und einem Anfang ohne Schlaufe alle senkrechten, hier farbigen, Schnüre am einfachsten mittig mit einem einfachen Knoten in der Mitte der waagrechten, hier schwarzen, Schnur befestigen. Wie immer beim viereckigen Flechtwerk zunächst die beiden schwarzen Schnüre waagrecht legen, dann die sechs farbigen Schnüre der Reihe nach einflechten.

Um die ganze Länge der Schnüre benutzen zu können, die Schnüre an einem Ende mit einer separaten kurzen Schnur zusammenbinden. Die Schnüre ordnen (zwei Querschnüre waagrecht, die übrigen senkrecht nach oben und unten) und die Knoten legen. Die Abbinde-Schnur nach dem Knoten wieder lösen.

Runde Geflechte

Mit drei Schnüren

1 Drei Schnüre entweder mit einem Knoten zusammenhalten, mit einer Schnur, die später entfernt wird, zusammenbinden oder durch eine Holzkugel ziehen. Eventuell die Öffnung der Bohrung erweitern. Die Schnüre ordnen.

2 Die schwarze Schnur über die rote Schnur biegen, anschließend die rote Schnur bogenförmig über die orangefarbene und zuletzt die orangefarbene Schnur von oben nach unten durch den schwarzen Schnurbogen ziehen. Alle Enden gleichmäßig nach außen anziehen. Diesen Knoten immer wiederholen.

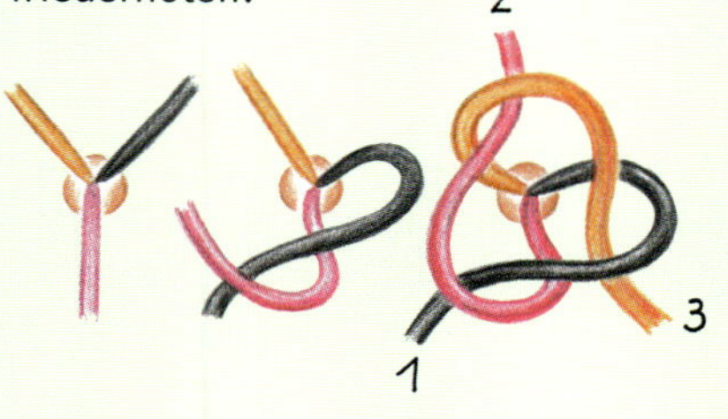

Mit fünf (und mehr) Schnüren

Ein rundes Geflecht kann in der gleichen Weise wie oben beschrieben auch mit fünf, sechs und mehr Schnüren angefertigt werden. Die Enden zum Schluss strahlenförmig nach außen ziehen.

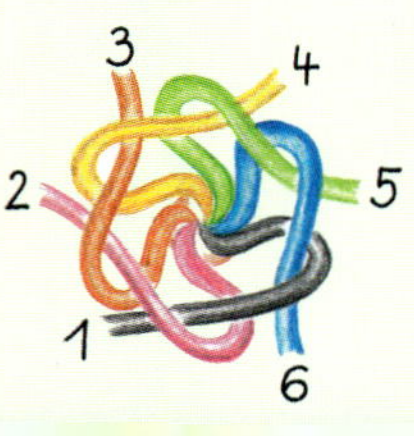

Mit vier Schnüren

1 Vier Schnüre (2x rot, 1x orange, 1x hellgrün) an einem Ende zusammenbinden oder durch eine Kugel ziehen und ordnen. Die beiden Schnüre in Rot waagrecht legen, die orangefarbene senkrecht nach oben und die hellgrüne senkrecht nach unten.

2 Die untere waagrechte Schnur 1 diagonal nach oben, die obere waagrechte Schnur 2 diagonal nach unten legen und in dieser Position festhalten.

3 Die untere (hellgrüne) Schnur 3 anschließend diagonal nach oben über die Schnur 2 und unter die Schnur 1 ziehen.

4 Die obere (orangefarbene) Schnur 4 diagonal nach unten über Schnur 1 und unter Schnur 2 einflechten. Die Enden gleichmäßig anziehen und den Knoten wiederholen.

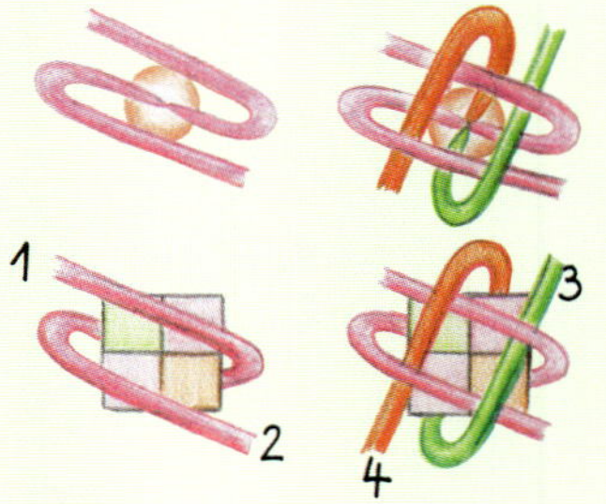

Spiralförmige Geflechte

Das spiralförmige Geflecht mit sechs Schnüren ist die konsequente Fortsetzung des runden Flechtwerks mit vier Schnüren mit den diagonalen Führungen. Die sechs in der Mitte fixierten Schnüre in Position bringen: Die schwarzen Schnüre liegen waagrecht, je ein grüner und ein blauer nach oben und unten.

1 Wie beim runden Vierer-Geflecht die beiden waagrechten schwarzen Schnüre diagonal noch oben und unten legen und in dieser Position festhalten.

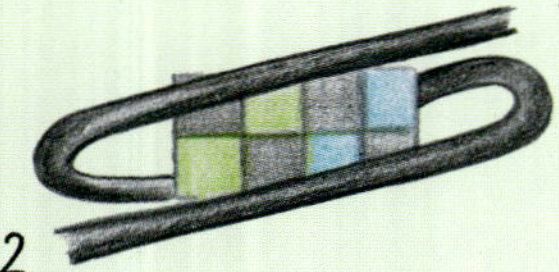

2 Der Reihe nach die senkrechten Schnüre im Wechsel schräg nach unten und schräg nach oben jeweils einmal über und einmal unter die schwarze Schnur einziehen und die Enden gleichmäßig anziehen. Durch Wiederholung des Knotens ergibt sich von selbst die Spirale.

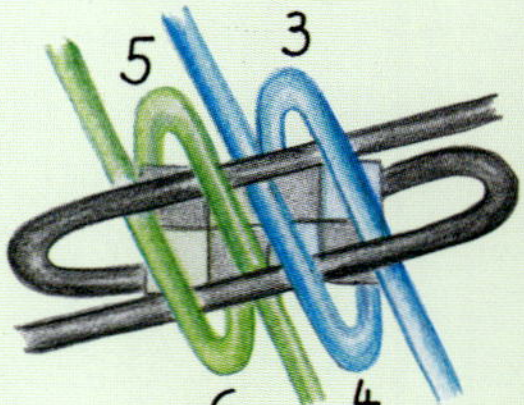

Das spiralförmige Geflecht kann beliebig erweitert und zum Beispiel auch mit acht Schnüren gearbeitet werden. Es bleibt immer bei den zwei waagrechten Schnüren, die senkrechten Schnüre werden erweitert und der Reihe nach schräg eingeflochten.

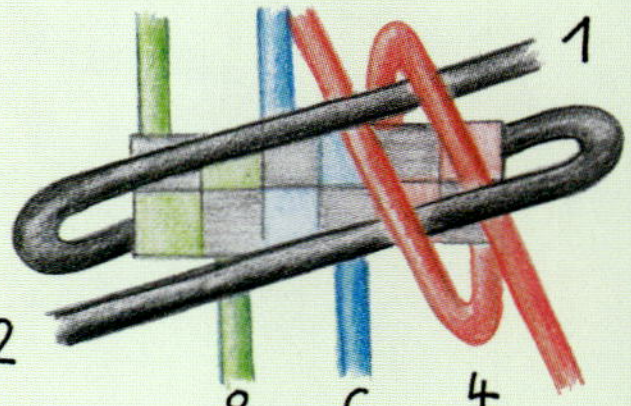

Tipps & Tricks

Schnüre einziehen

Solange die Schnüre des Knotens noch nicht festgezogen sind, können Schnüre, z. B. für Arme, mittig zwischen den beiden Querschnüren und unter alle Längsschnüre eingelegt werden. Möglich ist auch ein nachträgliches Einziehen mithilfe einer großen Sticknadel, wenn die Knoten nicht zu fest angezogen wurden.

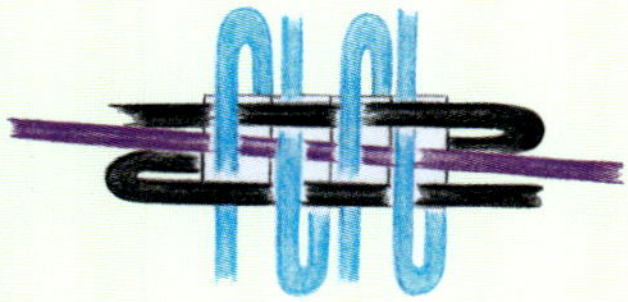

Mit Schnüren verbreitern

Um Figuren zu verbreitern, z. B. die Kinder aus aller Welt, vor dem Festziehen eines Knotens eine zusätzliche Schnur mittig oder auch am Rand in Längsrichtung unter die Querfäden einlegen. Dadurch wird zum Beispiel aus einem Flechtwerk mit sechs Schnüren ein Geflecht mit acht Schnüren.

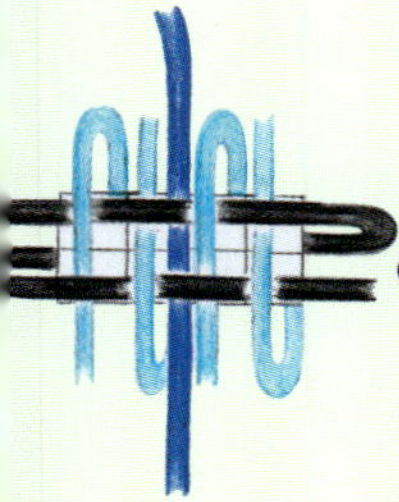

Anzahl der Schnüre verringern

Um ein Geflecht zu verjüngen, je eine Schnur oben und unten, meist in der Mitte, nach einem festgezogenen Knoten abschneiden und evtl. die Schnurenden „verschmelzen“ (s. u.). Schnüre ohne Silbereinzug können aber vor dem Abschneiden auch einmal miteinander verknotet werden; dann liegen die Enden „versteckt“ unter dem nächsten Knoten. Schnüre mit Silbereinzug sind dafür zu dick.

Die Enden versiegeln

Da die Schnüre nicht rutschen, genügt es, die Enden zum Schluss mit ca. 2 mm Überstand abzuschneiden und eventuell mit etwas Kleber zu sichern.
Zur Sicherheit und um die Enden „verschwinden“ zu lassen, die Spitze eines kleinen Schraubenziehers auf der Herdplatte erwärmen und auf das Ende legen. Dadurch verschmilzt der Überstand bis zum Geflecht hin. Vor dem erneuten Gebrauch Schmelzreste auf einem Küchenpapier abwischen.

Zierelemente aus Draht

In Schnüre können Drähte (Messingdraht, 0,8 mm ∅) eingeschoben werden. Dadurch werden zum Beispiel Fühler der Schnecke oder andere Details formbar.

Coole Stifte

Material

Stift in Lila

- Schnüre in Lila, Violett, Schwarz (jeweils opak), Rosa (mit Silbereinzug)
- 5 Kunststoff-Perlen in Pink mit Glitter, 7 mm ∅
- Kugelschreibermine

Stift in Blau-Smaragd

- Schnüre in Blau, Smaragd (jeweils opak), Hellgrün (mit Silbereinzug)
- Kunststoff-Perle in Blau mit Glitter, 7 mm ∅
- Kugelschreibermine

Stift in Smaragd-Gold

- Schnüre in Smaragd (opak), Transparent (mit Goldeinzug)
- Kunststoff-Perle in Grün mit Glitter, 7 mm ∅
- Kugelschreibermine

Vorlagenheft

Seiten 2 – 4

Für den Stift in Lila je eine Schnur in Schwarz, Violett, Rosa und Lila (je 50 cm) so durch eine Kunststoff-Perle ziehen, dass jeweils 2 cm überstehen. Elf Knoten (rund) mit vier Schnüren um die Kugelschreibermine herumarbeiten; dabei zunächst zwei Knoten ohne Mine knüpfen, die Mine dann einstecken und die Knoten festziehen, damit sie feststeckt. Nach den elf Knoten auf jede Schnur eine Kunststoff-Perle aufziehen und ein rundes Geflecht bis zur Kugelschreiberspitze arbeiten. Überstände abschneiden und verschmelzen.

Beim Stift in Blau-Smaragd zwei blaue und zwei smaragdfarbene Schnüre (je 50 cm) so durch eine blaue Kunststoff-Perle ziehen, dass ca. 4 cm überstehen. Eine hellgrüne 1 m lange Schnur mittig unter der Perle anknoten. Etwa 32 Knoten (spiralförmig) mit sechs Schnüren um die Mine bis 2 cm über der Kugelschreiberspitze herumarbeiten (s. o.). Die beiden hellgrünen Schnüre abschneiden und bis zur Kugelschreiberspitze ein rundes Geflecht mit vier Schnüren fertigen. Überstände kürzen und verschmelzen.

Für den Stift in Smaragd-Gold zwei Schnüre in Gold und zwei Schnüre in Smaragd (je 50 cm) so durch die Kunststoff-Perle ziehen, dass etwa 3 cm überstehen. Unter der Perle eine 1 m lange smaragdfarbene Schnur mittig anknoten. Acht Knoten (viereckig) mit sechs Schnüren um die Mine herumarbeiten; dazu zunächst locker zwei Knoten legen, die Mine in der Mitte einschieben und die Knoten festziehen, damit die Mine fixiert ist. Acht Knoten (spiralförmig) mit sechs Schnüren anschließen und wiederum acht Knoten viereckig arbeiten. Die goldfarbenen Schnüre abschneiden und den Rest als rundes Geflecht mit vier Schnüren um die Kugelschreibermine legen.

Dekorative Schlangen

Material

Schlange in Smaragd

- Schnüre in Smaragd (opak), Transparent (mit Goldeinzug), Grün (mit Silbereinzug)
- 2 Rocailles in Schwarz, 2,5 mm Ø
- Perlonfaden, 0,25 mm Ø
- Kugelschreibermine
- Aludraht, 2 mm Ø
- Sticknadel

Schlange in Violett

- Schnüre in Violett (transparent), Rosa (mit Silbereinzug)
- 2 Rocailles in Schwarz, 2,5 mm Ø
- Perlonfaden, 0,25 mm Ø
- Aludraht, 2 mm Ø
- Sticknadel
- Rundzange, klein

Vorlagenheft

Seiten 5, 6

Hinweis

Die smaragdfarbenen Schnüre sind in der Vorlage blau gezeichnet, damit sie sich von der grünen Schnur besser abheben.

Schlange in Smaragd

1 Vier 1 m lange Schnüre (1x grün, 1x gold, 2x smaragd) an der Kugelschreiberspitze mit einer Schnur fixieren. Einen Knoten (viereckig) mit vier Schnüren um die Mine herumarbeiten. Beim zweiten Knoten (viereckig) zwei smaragdfarbene Schnüre (je 30 cm lang) mittig einlegen. Sechs Knoten (viereckig) mit acht Schnüren arbeiten. Die vier kurzen smaragdfarbenen Schnüre miteinander verknoten und abschneiden.

2 Etwa 60 Knoten (rund) mit vier Schnüren um die Mine und später um einen in das Rohr der Mine eingesteckten Aludraht herumarbeiten. Dann die grüne Schnur mit Silbereinzug abschneiden und sechs Knoten (rund) mit drei Schnüren arbeiten. Das Schwanzende ohne Aludraht arbeiten, dazu acht Knoten (rund) mit drei Schnüren legen. Die Perlenaugen mit Perlonfaden anbinden. Die Schlange in Form biegen.

Für die Schlange in Violett 35 cm Aludraht verwenden. 10 cm von einem Drahtende entfernt vier 1 m lange Schnüre (2x violett, 2x rosa) mit einer separaten Schnur am Aludraht fixieren. Die Knoten wie bei der Schlange in Smaragd fertigen, dabei die violetten Schnüre quer, die rosafarbenen längs verarbeiten. Beim zweiten Knoten zwei Schnüre (je 30 cm in Violett) hinzufügen. Den Überstand des Aludrahtes vor den letzten acht Knoten mit drei Schnüren abschneiden. Die Perlenaugen mit Perlonfaden anbinden. Die Drahtzunge mit einer Zange und den Fingern zur flachen Spirale eindrehen. Die Schlange in Form biegen.

25310
Eddy

Stift-Figuren

Material

Elefant

- Schnüre in Grau (opak), Grau (mit Glitter)
- Holzperle in Hellblau, 12 mm ∅
- Filz in Grau
- Acrylfarben in Schwarz, Weiß
- Eisenstab, ca. 2 mm ∅
- Kraftkleber
- Sticknadel

Springbock

- Schnüre in Braun, Gold (jeweils opak), Orange (transparent)
- Holzperle in Rehbraun, 12 mm ∅
- Acrylfarben in Schwarz, Weiß
- Messingdraht, 0,8 mm ∅

Gepard

- Schnüre in Braun, Schwarz (jeweils opak), Braun (mit Glitter)
- Messingdraht, 0,8 mm ∅
- Holzperle in Dunkelgelb, 12 mm ∅
- Acrylfarben in Schwarz, Weiß
- Sekundenkleber
- Sticknadel
- Rundzange

Vorlagenheft
Seiten 7 – 9

Elefant

1 Von einer grauen 30 cm langen Schnur 10 cm um einen Rundstab (2 mm ∅) wickeln, mit Krokodilklemmen oder Klammern fixieren und dieses Stück kurz in kochendes Wasser tauchen, damit die Schnur die Spiralenform annimmt; als Alternative Messingdraht einziehen und den Rüssel formen. Diese und eine weitere graue Schnur (30 cm) durch die Holzperle ziehen. Das spiralförmig eingedrehte Stück als Rüssel überstehen lassen.

2 Die beiden Schnüre unter der Holzperle verknoten; dabei mittig zwei graue Schnüre (mit Glitter, je 50 cm) und eine graue Schnur (opak, 50 cm) einhängen. Acht Knoten (rund) mit acht Schnüren arbeiten und dabei den Stift einbauen. Mit je zwei Schnüren nacheinander fünf Knoten als Bein knüpfen. Überstände abschneiden und verschmelzen. Augen und Stoßzahn aufmalen, Ohren aus Filz ausschneiden und fixieren.

Für den Springbock zwei 30 cm lange Schnüre in Orange so durch die Holzperle ziehen, dass oben etwa 6 cm überstehen. 7 cm Messingdraht in die überstehende Schnur einziehen und über einem Rundstab (bzw. Stricknadel) zur Spirale formen. Die beiden Schnüre unter der Holzperle miteinander verknoten; dabei mittig zwei braune und eine goldfarbene Schnur (je 50 cm lang) einhängen. Acht Knoten (rund) mit acht Schnüren knüpfen und dabei den Stift einbauen. Die vier braunen Schnüre als Beine stehen lassen, als Füße jeweils einen Knoten legen; Überstände abschneiden. Die übrigen Schnüre am Körper abschneiden. Das Gesicht aufmalen.

Anleitung „Gepard" siehe Vorlagenheft Seite 8.

Material

Klammer-Schwein

- Holzperle in Rosa, 12 mm ∅
- Schnüre in Pink (opak)
- Acrylfarben in Schwarz, Weiß
- Moosgummi in Pink, 1 mm
- Messingdraht, 0,8 mm ∅
- kleine Holzklammer, 30 mm lang
- Sekundenkleber

Klammer-Koala

- Schnüre in Braun, Weiß, Gold (opak)
- Rocailles in Schwarz, 3,1 mm ∅
- Rocaille in Schwarz, 4,5 mm ∅
- kleine Holzklammer, 30 mm lang
- Sekundenkleber

Kinder aus aller Welt

- Holzperle in Braun oder Rosé, 12 mm ∅
- Acrylfarben in Schwarz, Weiß
- Afrikaner: Schnüre in Rot, Orange, Violett (opak)
- Indianer: Schnüre in Rot, Braun, Schwarz (opak)
- Eskimo: Schnüre in Transparent (mit Silbereinzug), Weiß (opak)
- Magnet, 15 mm ∅
- Sekundenkleber

Vorlagenheft
Seiten 9 – 17

Kinder & kleine Tiere

Klammer-Schwein

1 Zwei 25 cm lange Schnüre durch die Holzperle ziehen. Eine Schnur vorne etwa 3 cm überstehen lassen. Einen Messingdraht einziehen und über einen Rundstab zur Spirale formen (Rüssel). Eine 50 cm lange Schnur mittig unter der Holzperle anknoten.

2 Einen Knoten (viereckig) mit vier Schnüren arbeiten und dabei eine Schnur (40 cm lang) längs einlegen. Einen Knoten (viereckig) mit sechs Schnüren legen und dabei eine Schnur (40 cm) längs einbauen. Nach vier Knoten (viereckig) mit acht Schnüren zwei gegenüberliegende Schnüre in der Mitte miteinander verknoten und abschneiden; das Schwein mit zwei Knoten (viereckig) mit sechs Schnüren beenden.

3 In eine obere Schnur Messingdraht einziehen und sie zum spiralförmigen Schwanz eindrehen. Die zwei nach unten zeigenden Schnüre als Beine verwenden und jeweils als Fuß einen Knoten legen. Die übrigen Schnüre abschneiden. Als Vorderbeine eine separate kurze Schnur einziehen und jeweils als Füße Knoten legen. Das Gesicht aufmalen, Ohren aus Moosgummi ausschneiden und fixieren. Das Schwein mit Sekundenkleber auf der Klammer fixieren.

Die Anleitung für den Klammer-Koala befindet sich im Vorlagenheft auf Seite 10, die Anleitung für die Kinder aus aller Welt auf Seite 12 (Eskimo), Seite 14 (Indianer) und auf Seite 16 (Afrikaner).

Vorlagenheft

Reihe Creativ Compact
„Coole Bänder bunt & frech“
von Ingrid Moras

ISBN 3-419-56644-1

Reinzeichnungen:
Ingrid Moras

Montage:
art und weise, Freiburg

Hinweis

Dieses Vorlagenheft kann aus dem Buch herausgenommen werden.
Dazu die obere und die untere Klammer in der Mitte des Buches öffnen.
Die mittlere Klammer nicht öffnen, sie hält das Vorlagenheft zusammen.
Das Vorlagenheft herausnehmen und die Klammern wieder schließen.

Stift in Lila

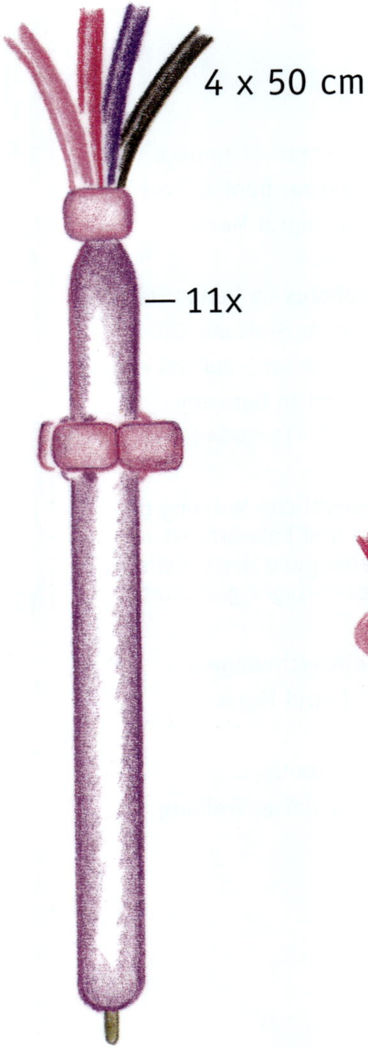

Stift in Blau-Smaragd

Stift in Smaragd-Gold

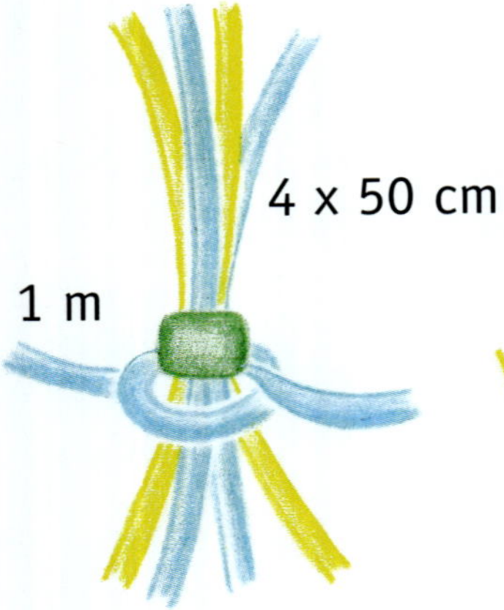

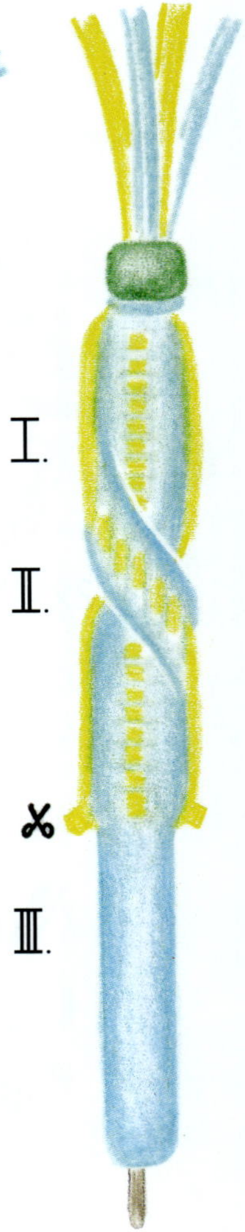

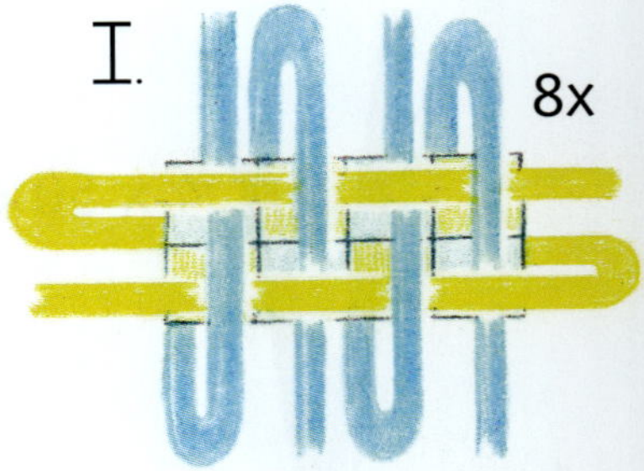

Schlange in Smaragd

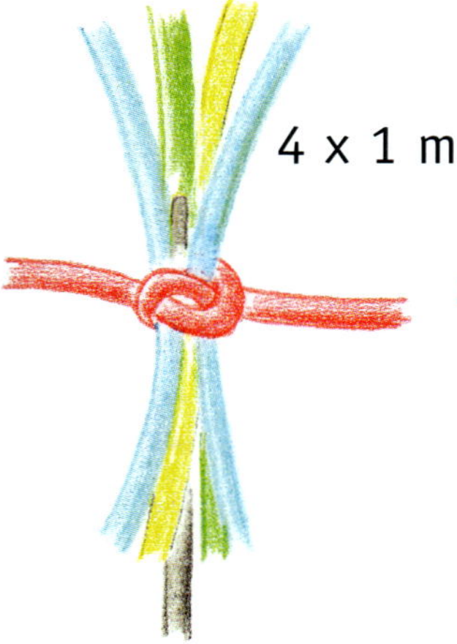

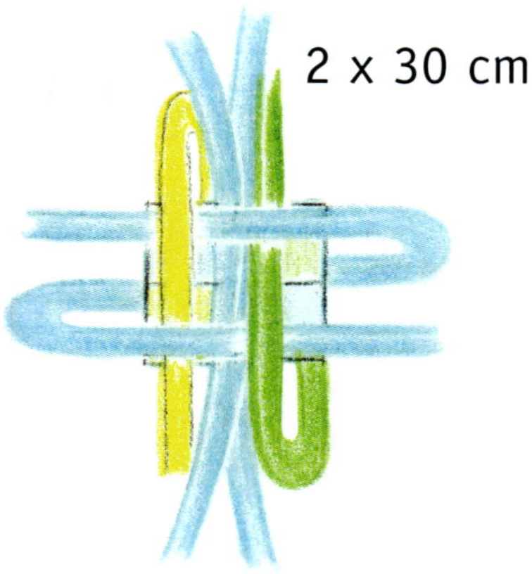

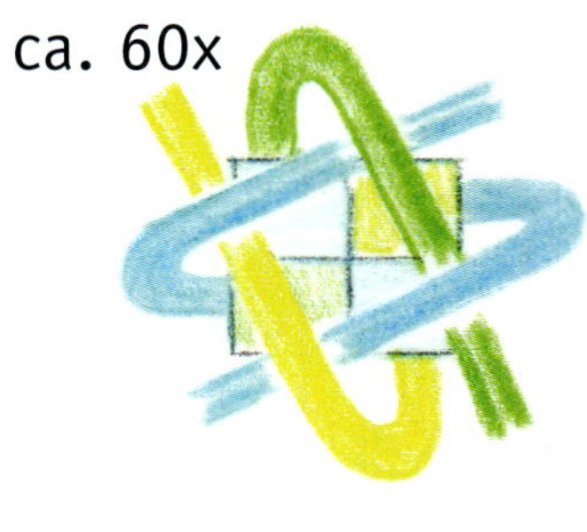

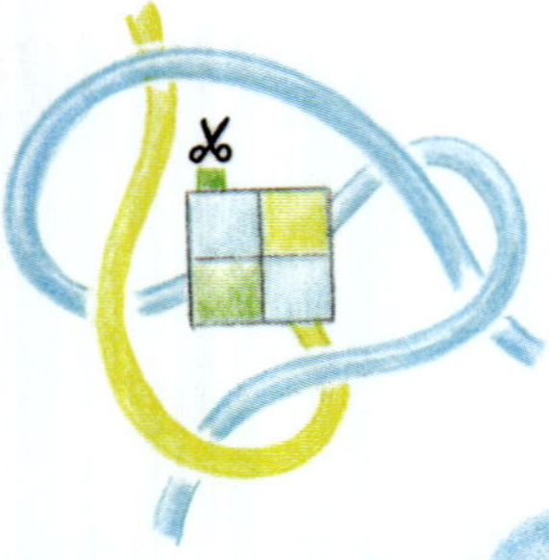

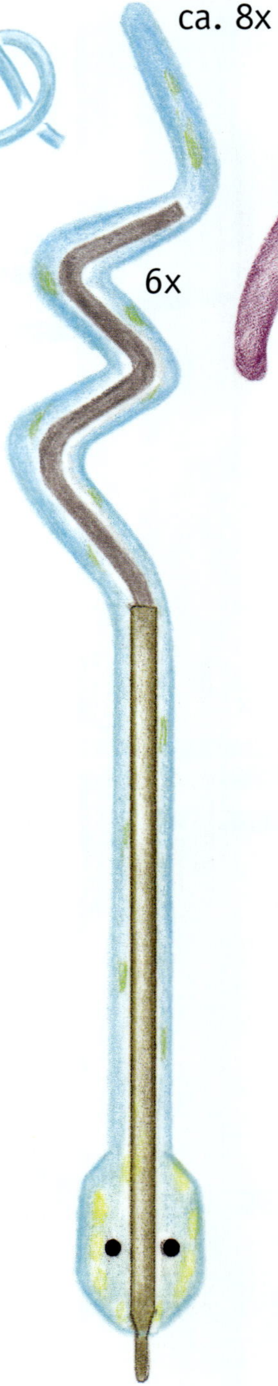
ca. 8x
6x

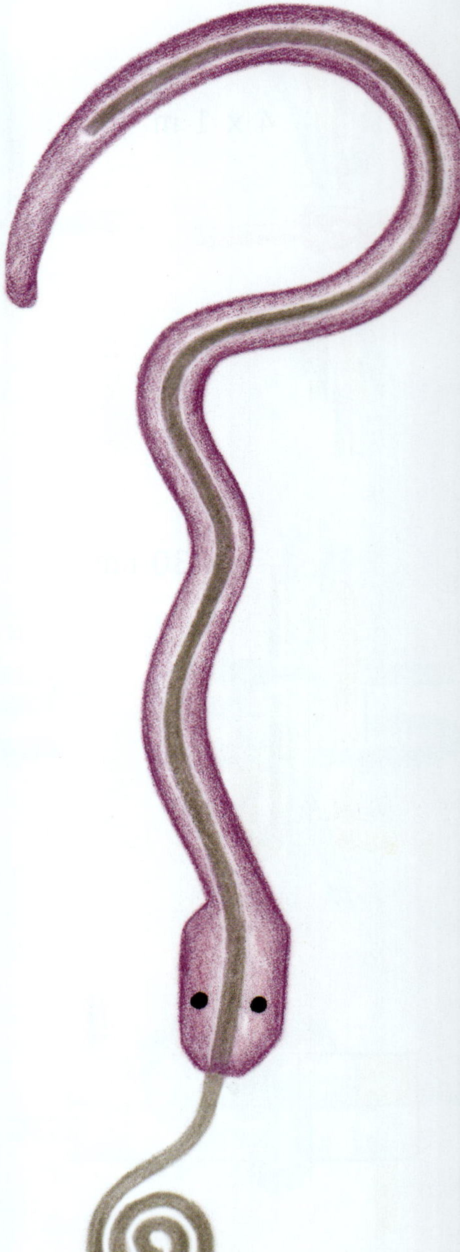

Elefant

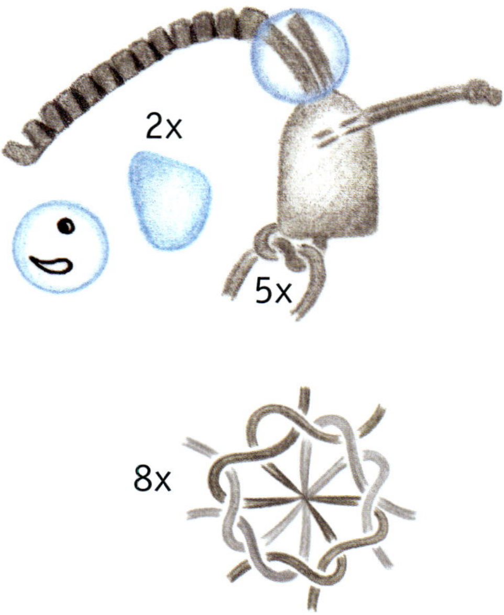

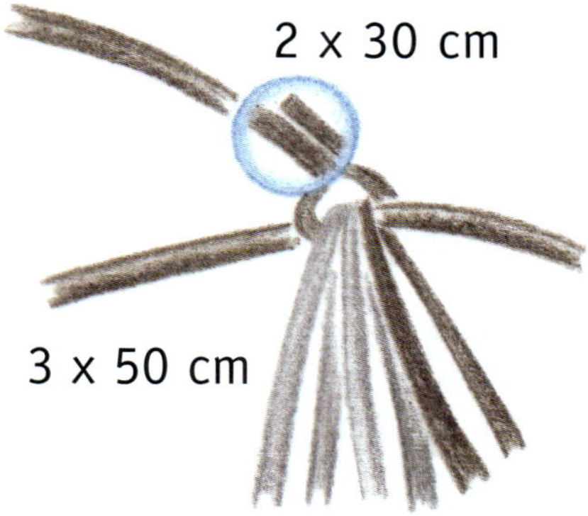

Springbock

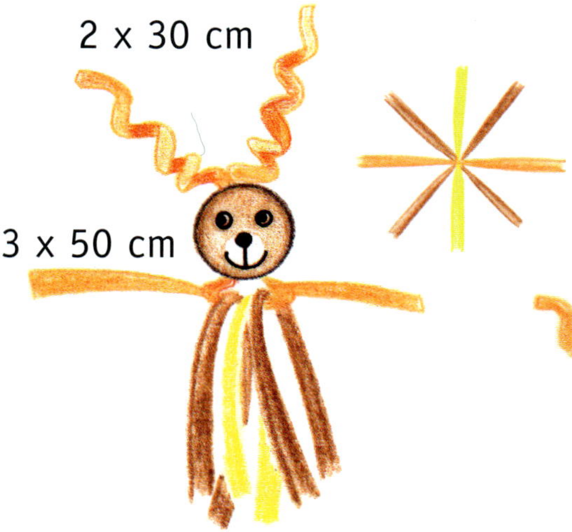

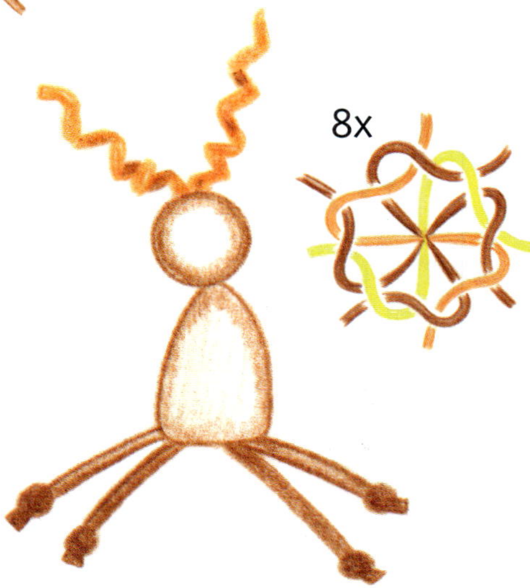

Gepard

Abbildung & Materialangaben Seite 14/15

1. Zwei 30 cm lange Schnüre in Braun so durch die Holzperle ziehen, dass etwa 2 cm überstehen. In die überstehenden Schnüre Messingdraht einschieben und die Ohren mit einer kleinen Rundzange formen.

2. Die braunen Schnüre unter der Perle einmal verknoten und dabei mittig eine schwarze Schnur und zwei braune Schnüre mit Glitter (je 50 cm) einhängen. Acht Knoten (rund) mit acht Schnüren um den Stift herumarbeiten; dabei zunächst zwei bis drei Knoten locker legen, den Stift einschieben und dann die Knoten festziehen.

3. Mit zwei braunen Schnüren eine Doppelschlinge als Fuß festziehen und die Überstände abschneiden. Als „Arme" eine braune Schnur (10 cm) mit einer Sticknadel einziehen und als Hände jeweils eine Doppelschlinge festziehen. Eine Schnur hinten als Schwanz um einen Rundstab herumwickeln und kurz in kochendes Wasser tauchen, damit er eine Spirale bildet (oder Messingdraht einziehen, damit die Schnur formbar wird).

4. Alle übrigen Schnüre abschneiden; die Überstände verschmelzen. Das Gesicht aufmalen. Als Schnurrhaare feine Streifen aus einer braunen Schnur (mit Glitter) schneiden und fixieren.

2 x 30 cm

3 x 50 cm

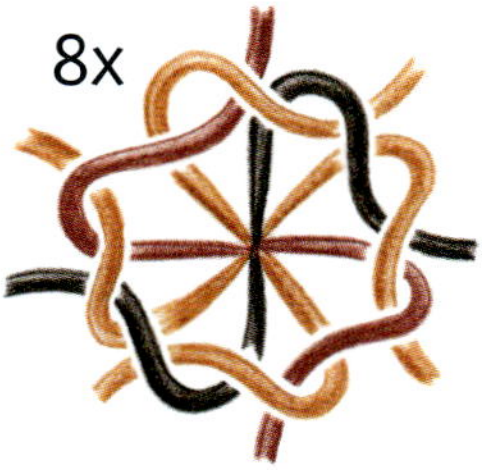

Klammer-Schwein

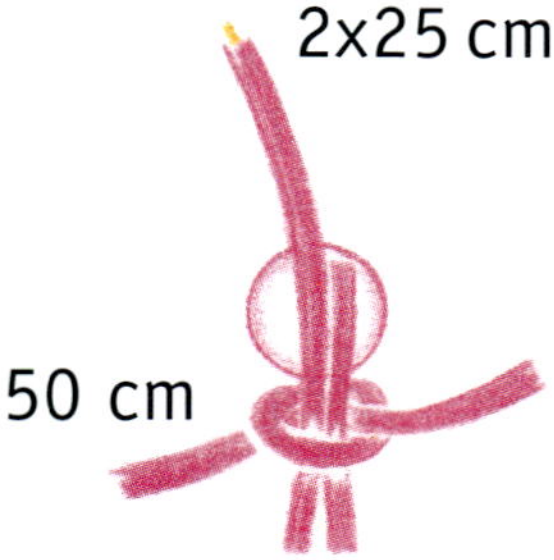

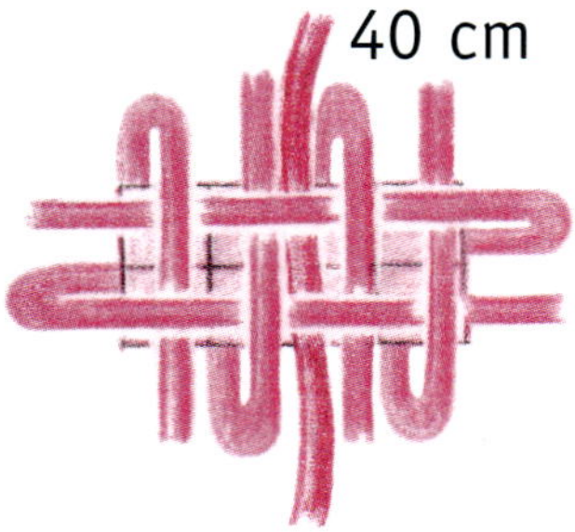

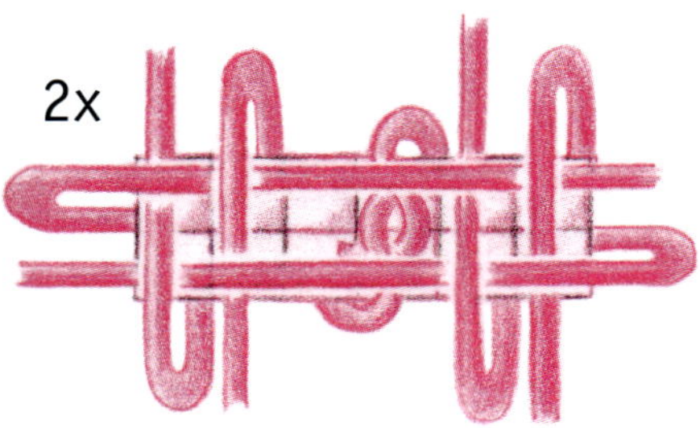

Klammer-Koala

Abbildung & Materialangaben Seite 16/17

1. Jedes Ohr getrennt arbeiten: Jeweils zwei braune und zwei goldfarbene Schnüre (je 30 cm lang) mit einer separaten kurzen Schnur an einem Ende zusammenbinden. Drei Knoten (viereckig) mit vier Schnüren arbeiten (I.). Anschließend die beiden getrennten Geflechte (II.) mit einem Knoten (viereckig) mit acht Schnüren zusammenführen; drei weitere Knoten mit acht Schnüren anschließen (III.).

2. Dann einen Knoten mit acht Schnüren arbeiten und dabei eine weiße 25 cm lange Schnur längs mittig einlegen (IV.). Fünf Knoten (viereckig) mit zehn Schnüren legen (V.); dabei beim ersten Knoten quer und mittig eine braune Schnur (10 cm) für die Arme einlegen (nicht in der Vorlage eingezeichnet!). Als Hände jeweils einen Knoten festziehen. Zuletzt die weißen Schnüre miteinander verknoten, abschneiden und den Koala mit zwei Knoten (viereckig) mit acht Schnüren beenden (ohne Vorlage).

3. Die nach vorne zeigenden braunen Schnüre als Beine verwenden; als Füße je einen Knoten festziehen. Die übrigen Schnüre und die Überstände abschneiden. Die überstehenden braunen Schnüre bei den Ohren kürzen und verschmelzen. Die überstehenden goldfarbenen Schnüre bis auf ca. 3 mm kürzen und fein einschneiden. Perlenaugen und Perlennase mit Perlonfaden aufnähen. Die Figur mit Sekundenkleber auf der Holzklammer fixieren.

4 x 30 cm

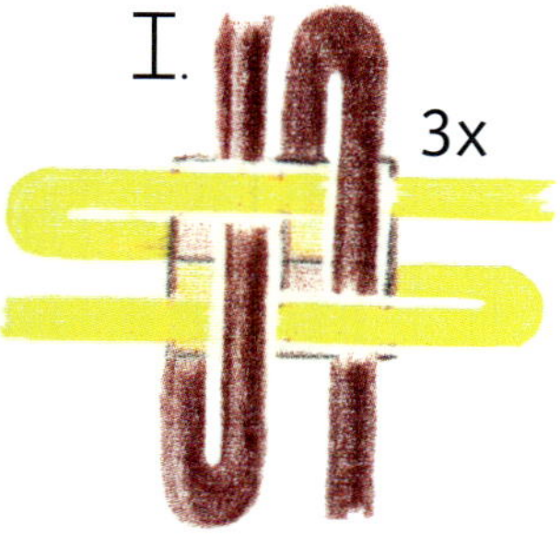
I.
3x

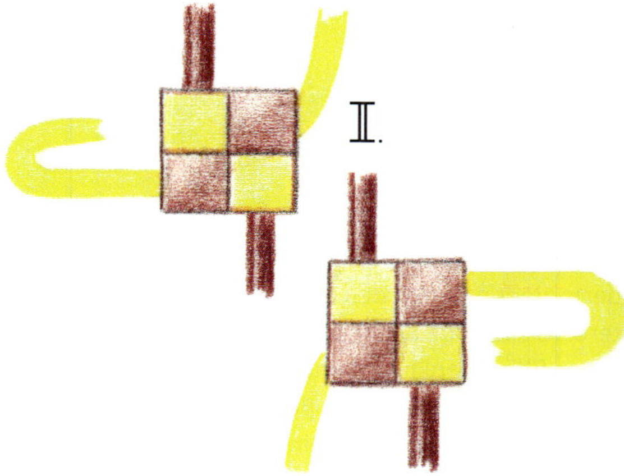
II.

III.
4x

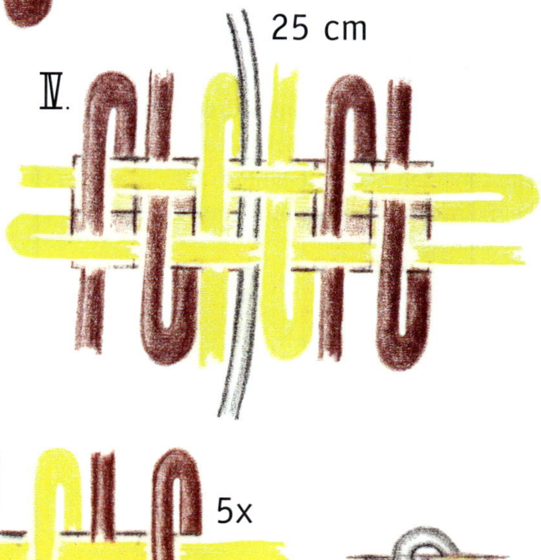
25 cm
IV.

V.
5x

Eskimo

Abbildung & Materialangaben Seite 16/17

1. Die Enden einer 50 cm langen silberfarbenen Schnur durch die Holzperle ziehen. Durch den über der Holzperle sichtbaren Bogen eine weitere 50 cm lange Schnur mittig einziehen, um die Holzperle herum nach unten führen, anknoten und mit den vier Enden einen Knoten (viereckig) legen. Etwa 1 cm lange weiße Schnüre als Haare unter die silberfarbene Schnur klemmen und fein einschneiden; die Schnüre am besten mit einer Sticknadel einziehen und am Kopf entsprechend abschneiden.

2. Beim zweiten Knoten (viereckig) eine silberfarbene Schnur (10 cm) quer als Arme und eine 50 cm lange Schnur mittig längs einlegen. Jeweils die Enden der Querschnur als Hände verknoten. Einen Knoten (viereckig) mit sechs Schnüren arbeiten und dabei eine 50 cm lange silberfarbene Schnur mittig einlegen. Nach vier Knoten (viereckig) mit acht Schnüren einen weiteren Knoten mit acht Schnüren legen und dabei weiße 2 cm kurze Schnüre längs einlegen oder nachträglich mit einer Sticknadel einziehen. Die beiden Querschnüre abschneiden und verschmelzen.

3. Vier Knoten (rund) mit je drei Schnüren als Beine arbeiten. Die jeweils nach vorne zeigende Schnur als Fuß verknoten, die anderen Schnüre abschneiden. Die nach hinten und vorne überstehenden weißen Enden fein einschneiden und auf 5 mm kürzen. Das Gesicht aufmalen.

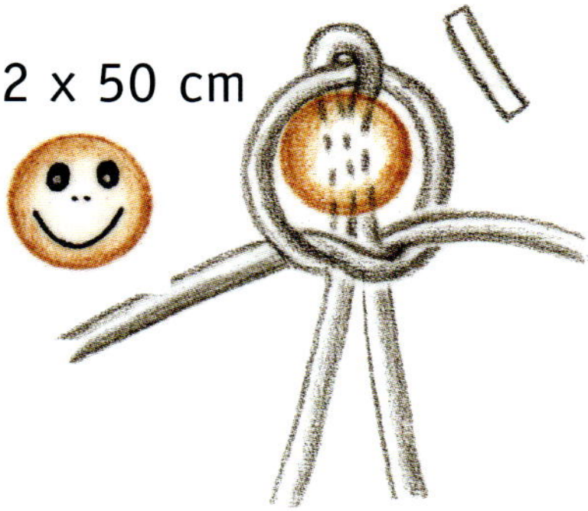
2 x 50 cm

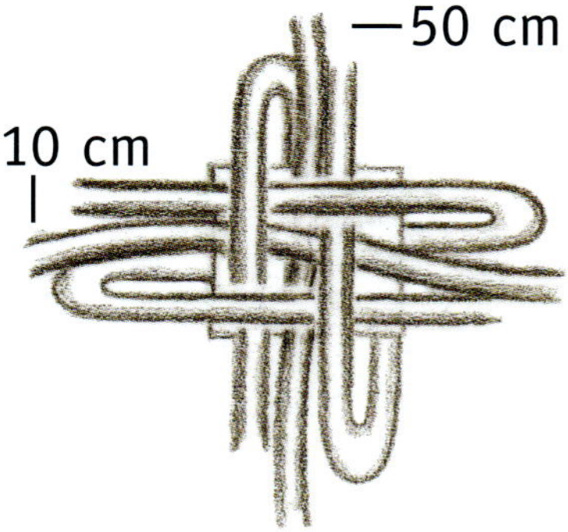
—50 cm
10 cm

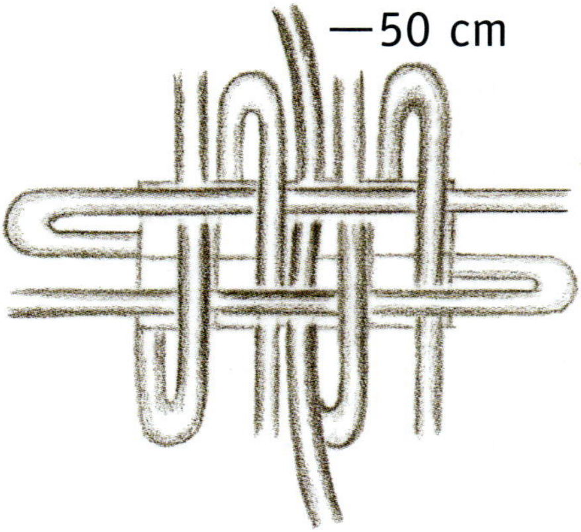
—50 cm

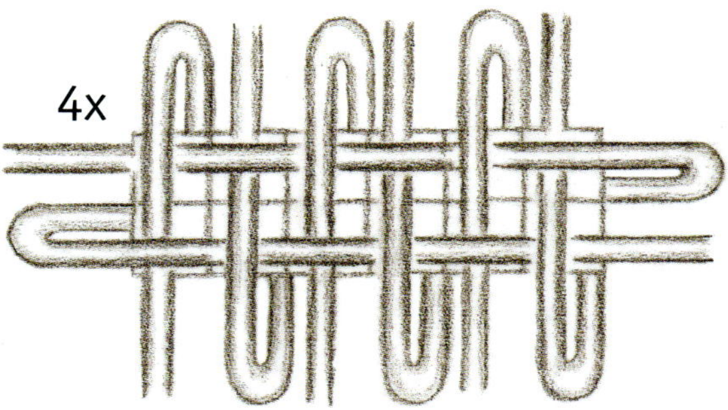
4x

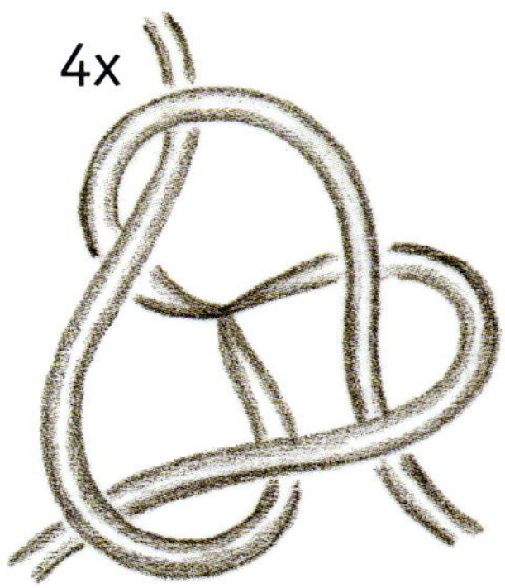
4x

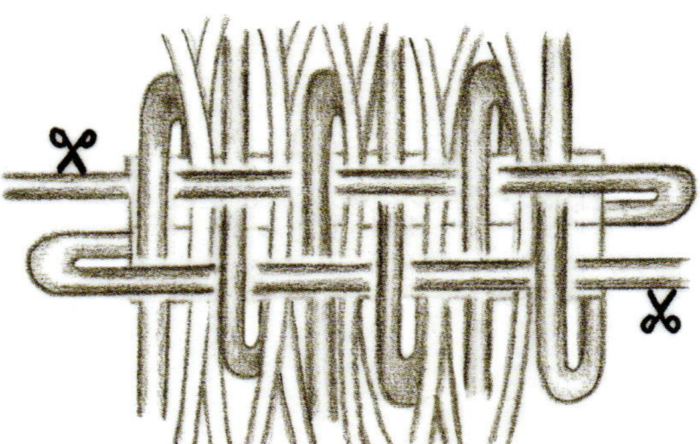

Indianer

Abbildung & Materialangaben Seite 16/17

1. Eine rote 50 cm lange Schnur mittig knicken. Die Enden durch die Holzperle so nach unten ziehen, dass der Bogen 8 mm weit übersteht. Unter der Perle einen Knoten legen und dabei mittig zwei braune Schnüre (je 40 cm) einhängen.

2. Einen Knoten (viereckig) mit sechs Schnüren arbeiten. Beim zweiten Knoten eine braune Schnur (10 cm) als Arme quer einlegen. Beim dritten Knoten mittig eine schwarze Schnur (20 cm lang) längs hinzufügen. Drei Knoten (viereckig) mit acht Schnüren arbeiten. Die schwarzen Schnüre abschneiden.

3. Jeweils acht Knoten (rund) mit je drei Schnüren als Beine legen. Mit den zwei nach vorne zeigenden Schnüren je drei Knoten als Fuß festziehen; die dritte Schnur abschneiden. Gesicht und Haare aufmalen. Eine rote Schnur der Länge nach halbieren und die halbierte Schnur als Stirnband rund um den Kopf kleben und hinten verknoten.

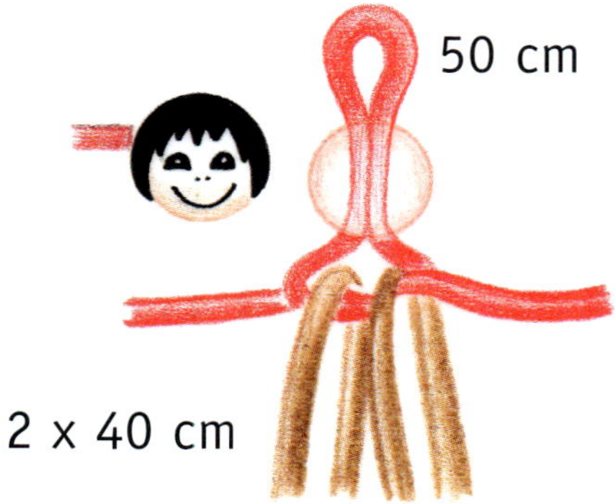
50 cm
2 x 40 cm

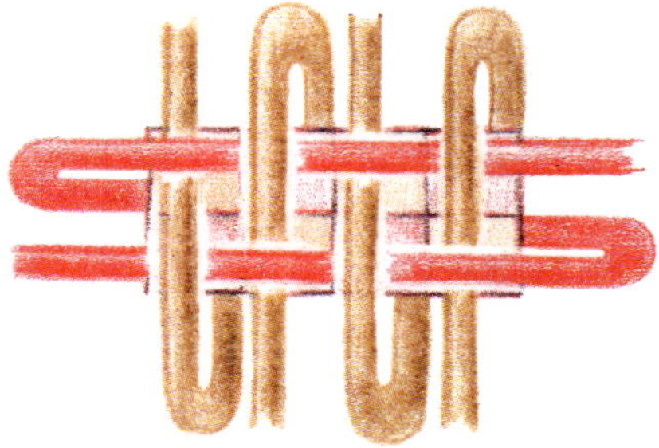

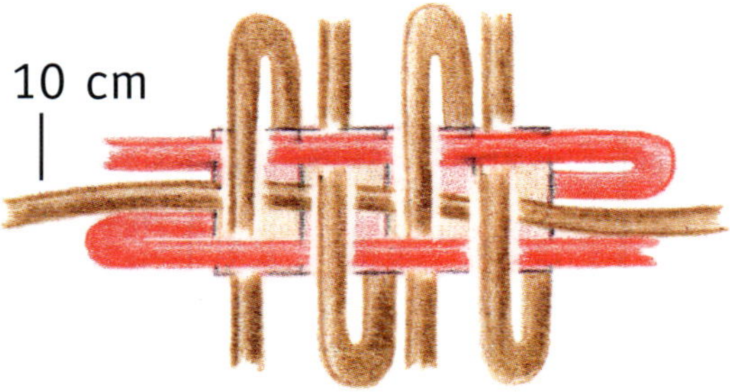
10 cm

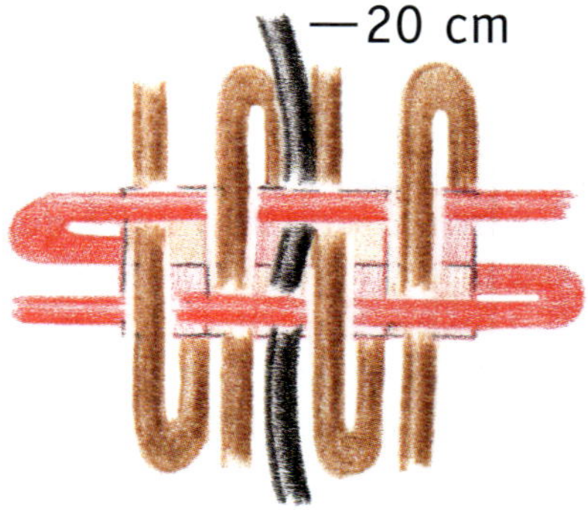
20 cm

3x

3x

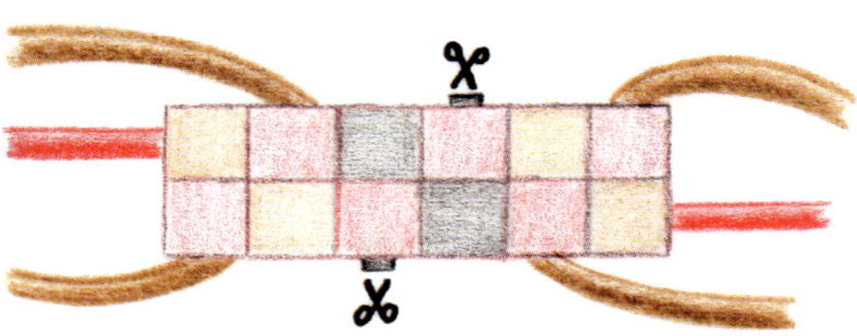

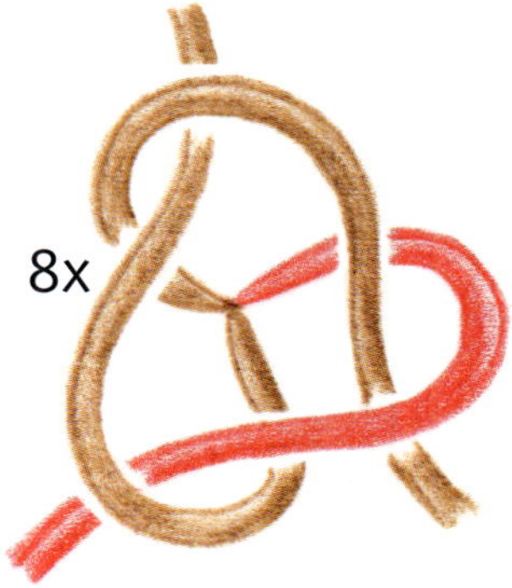
8x

Afrikaner

Abbildung & Materialangaben Seite 16/17

1. Zwei orangefarbene Schnüre (je 30 cm) durch die Holzperle ziehen; dabei etwa 1 cm überstehen lassen. Zwei zusätzliche kurze Schnüre als Haare in die Bohrung einschieben und fein aufschneiden.

2. Mit den Schnüren unter der Holzperle einen Knoten legen und dabei eine rote und eine violettfarbene Schnur (je 50 cm) mittig einlegen. Einen Knoten (viereckig) mit sechs Schnüren arbeiten. Beim zweiten viereckigen Knoten eine orangefarbene Schnur (10 cm) als Arm quer einlegen; als Hand je eine Schlinge festziehen, Überstände abschneiden. Einen Knoten (viereckig) mit sechs Schnüren legen und dabei eine orangefarbene Schnur (40 cm) mittig längs einlegen.

3. Vier Knoten (rechteckig) mit acht Schnüren knüpfen, dann mit je vier Schnüren jeweils acht Knoten (rund) als Beine arbeiten. Bei jedem Bein die zwei nach hinten zeigenden Schnüre jeweils kürzen; mit den beiden vorderen Enden nacheinander drei Knoten als Fuß legen. Das Gesicht aufmalen.

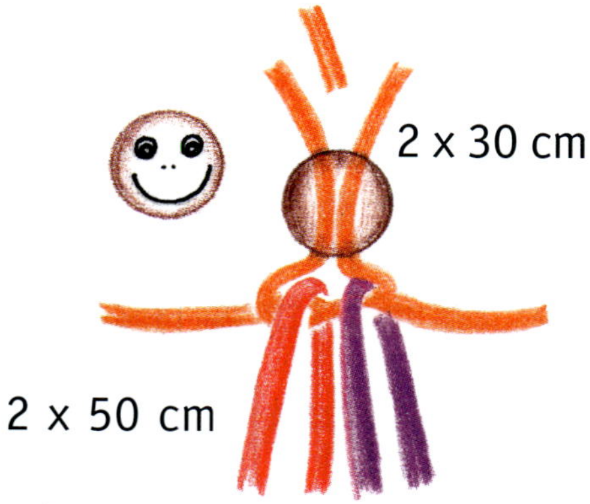
2 x 30 cm
2 x 50 cm

10 cm

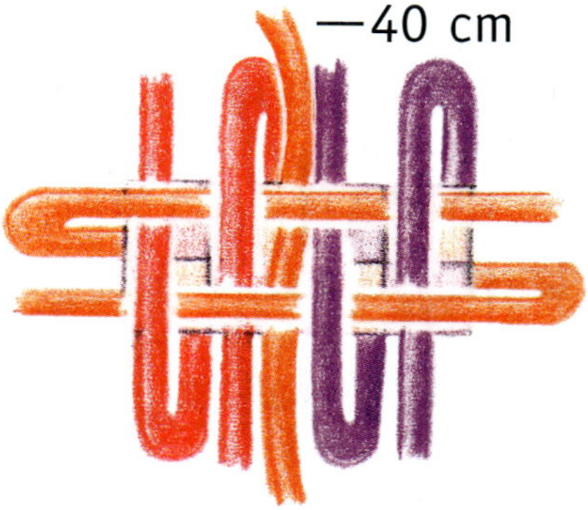
40 cm

4x

3x

8x

Igel

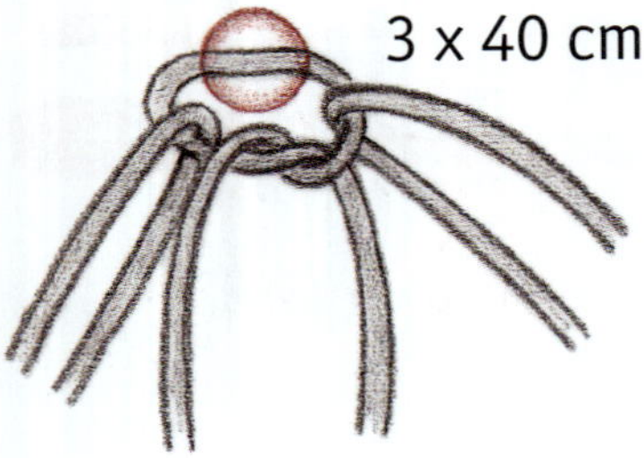

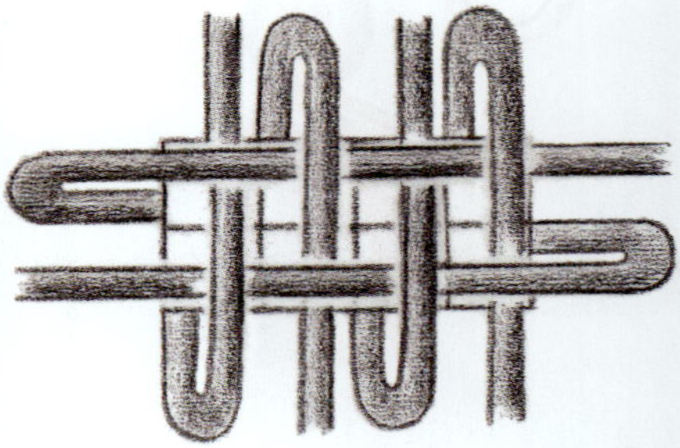

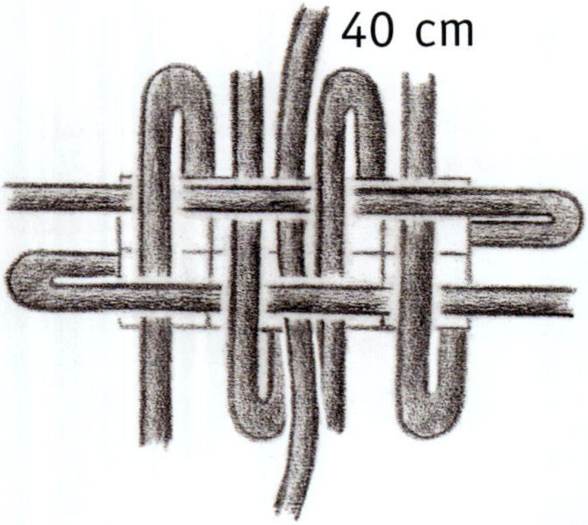

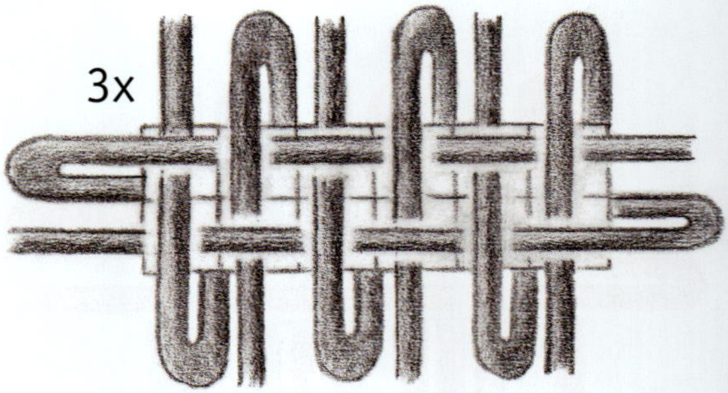

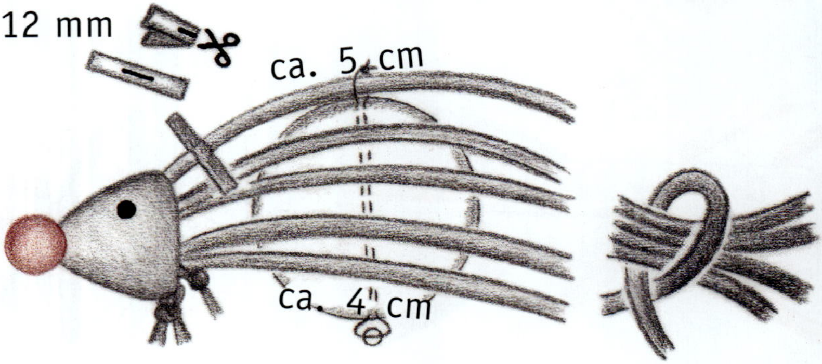

Bilderrahmen

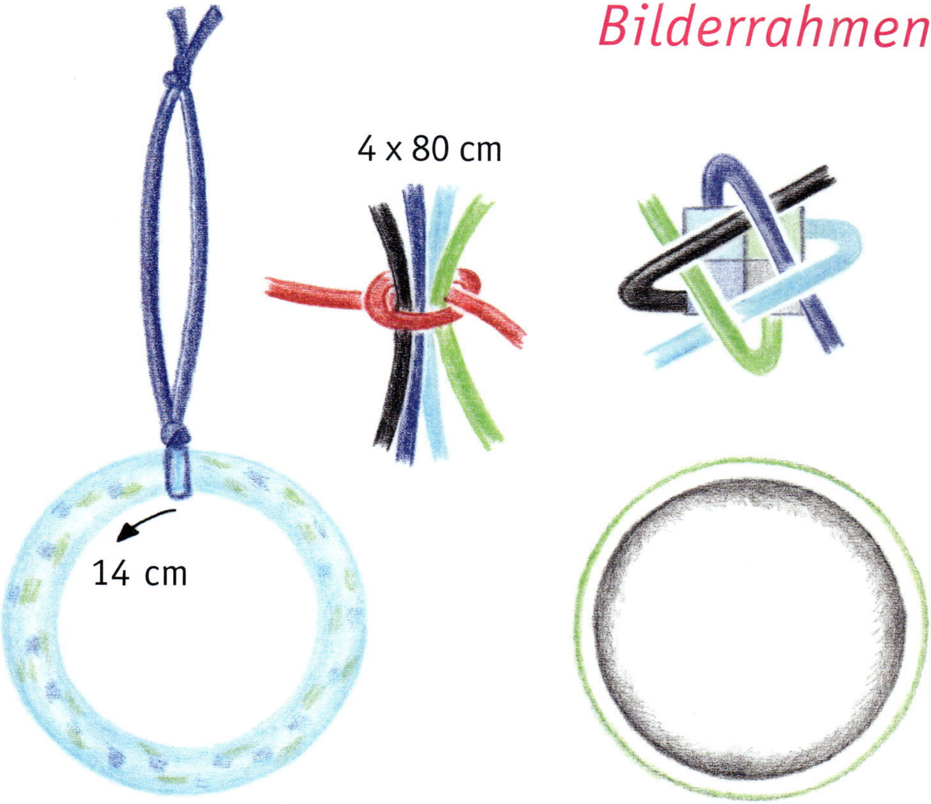

Blüten-Anhänger

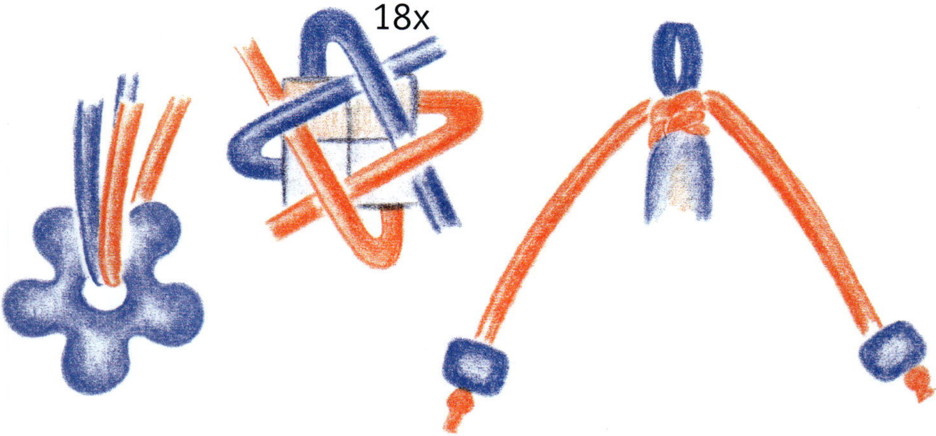

Eisvogel

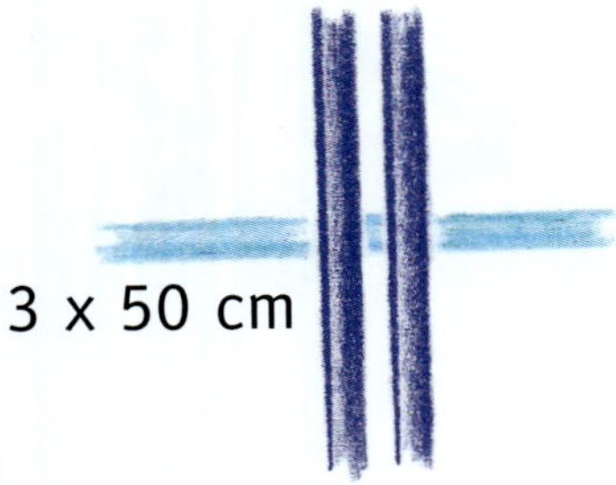

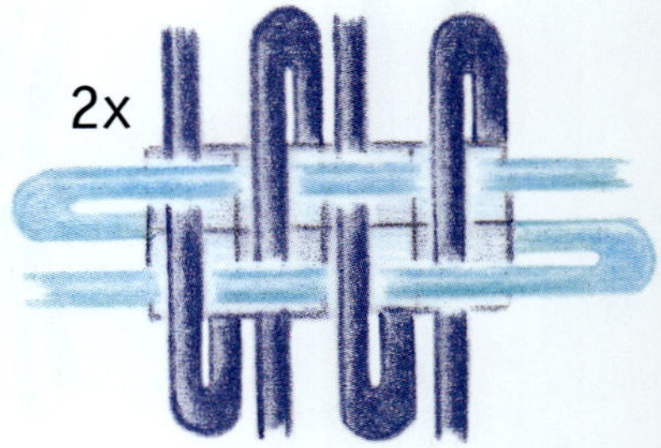

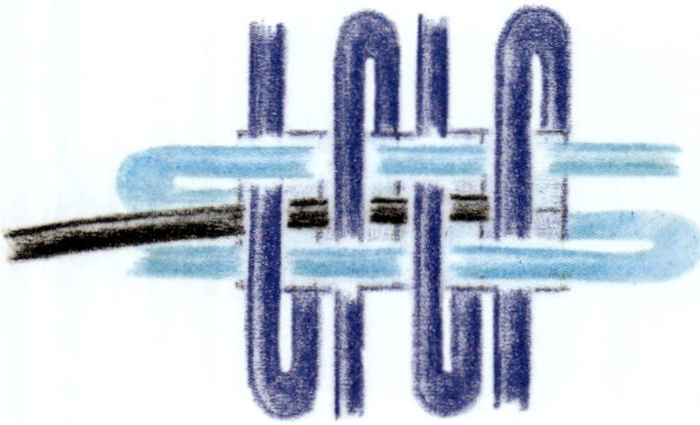

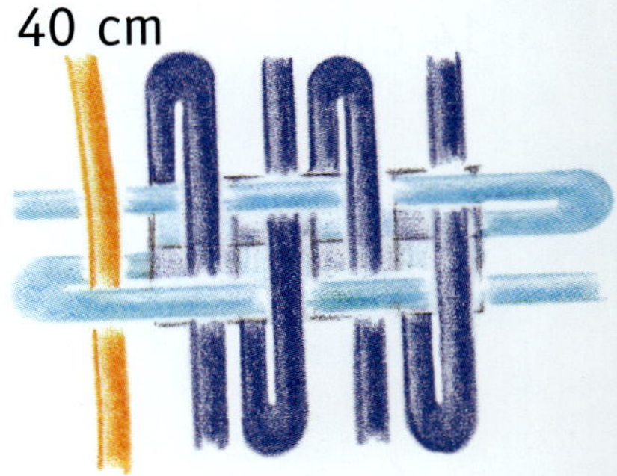

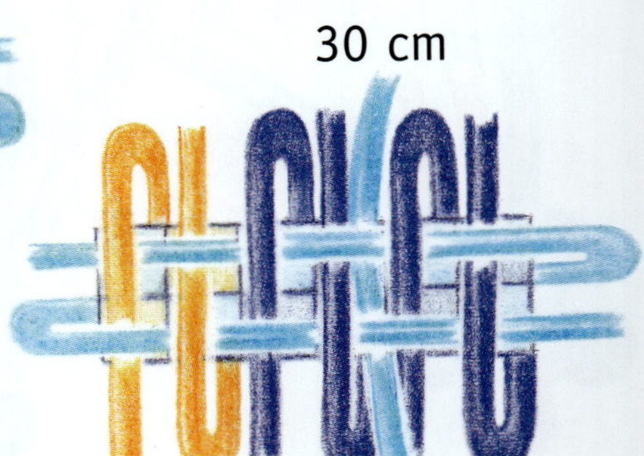

4x

2x

Papageien

Abbildung & Materialangaben Seite 20/21

1. Zwei rote (oder grüne) Schnüre (je 60 cm lang) mittig auf eine rote (oder grüne) Querschnur legen und einen Knoten (wie alle weiteren Knoten viereckig) mit sechs Schnüren arbeiten. Beim zweiten Knoten das Schnabel-Oberteil aus schwarzem Aludraht (2 cm lang) quer einlegen. Einen Knoten mit sechs Schnüren fertigen und dabei das Schnabel-Unterteil aus Aludraht (15 mm lang) quer hinzufügen.

2. Beim nächsten Knoten mit sechs Schnüren am Rand eine hellgrüne Schnur (40 cm) längs einlegen. Einen Knoten mit acht Schnüren arbeiten (ohne Vorlage, siehe Eisvogel), beim nächsten Knoten eine hellgrüne Schnur (30 cm) längs hinzufügen.

3. Vier Knoten mit zehn Schnüren fertigen (ohne Vorlage, siehe Eisvogel); dann zwei hellgrüne Schnüre in der Mitte verknoten und abschneiden. Zwei Knoten mit acht Schnüren arbeiten.

4. Die nach vorne zeigende Querschnur abschneiden. In zwei vordere hellgrüne Schnüre Knoten als Füße legen und den Überstand kürzen. Alle anderen Schnüre nach hinten zusammenfassen und mit einer Schnur durch drei Schlingenknoten bündeln.

3 x 60 cm

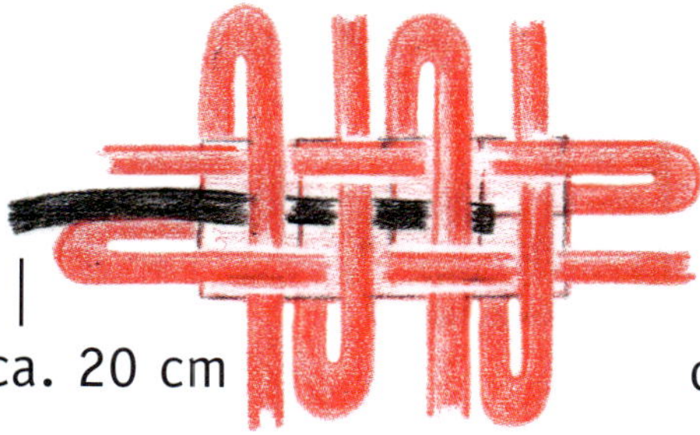

ca. 20 cm

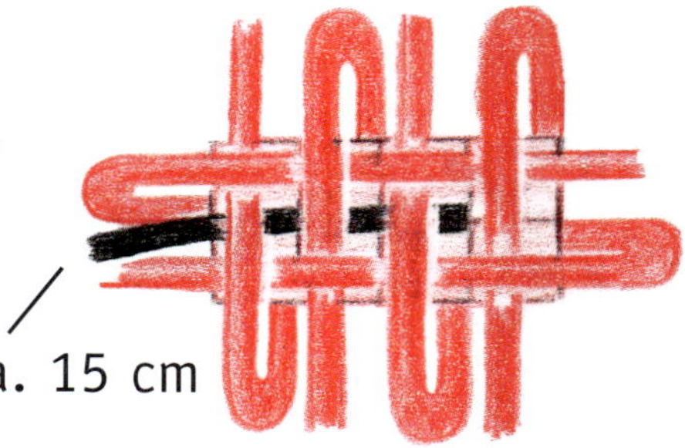

ca. 15 cm

40 cm

30 cm

Schlüsselanhänger in Blau

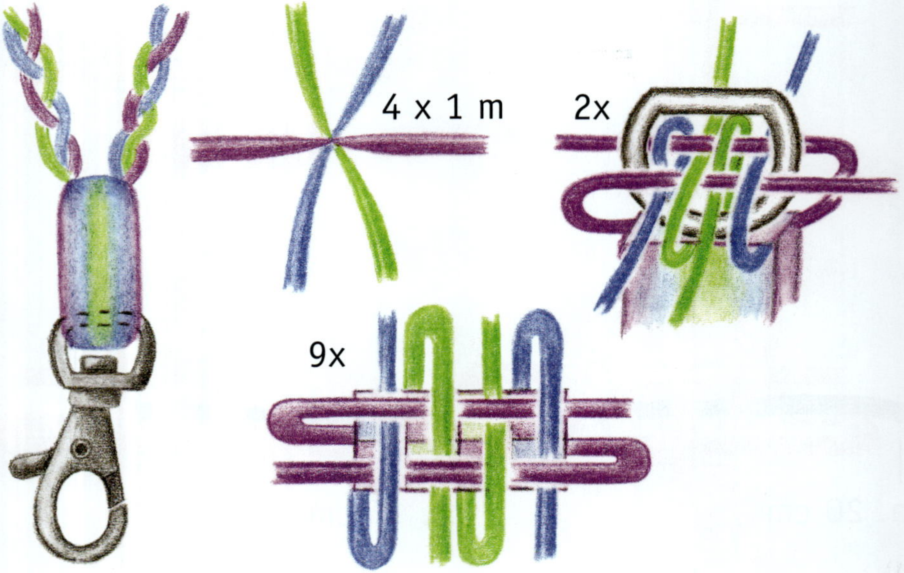

Schlüsselanhänger in Rot-Gelb

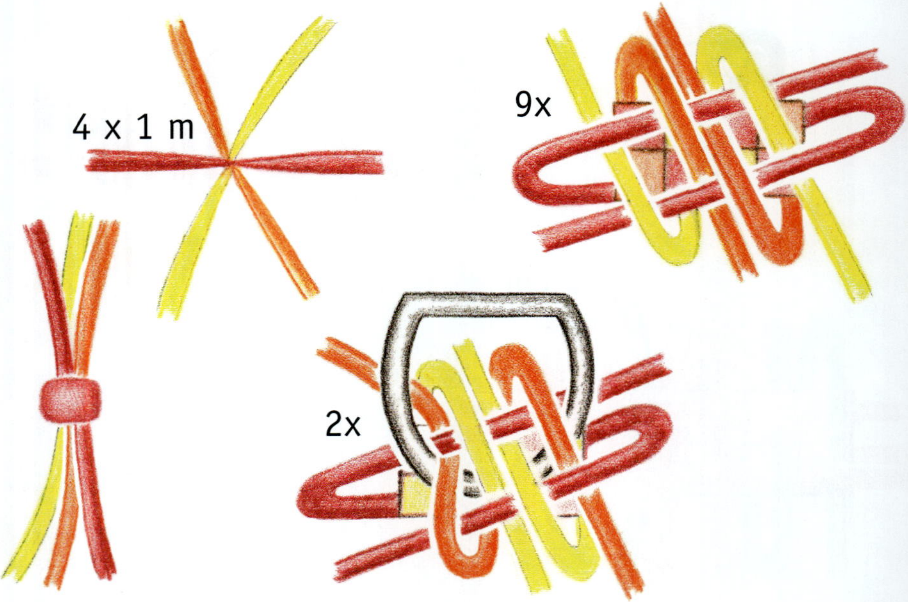

Würfel mit Geflecht

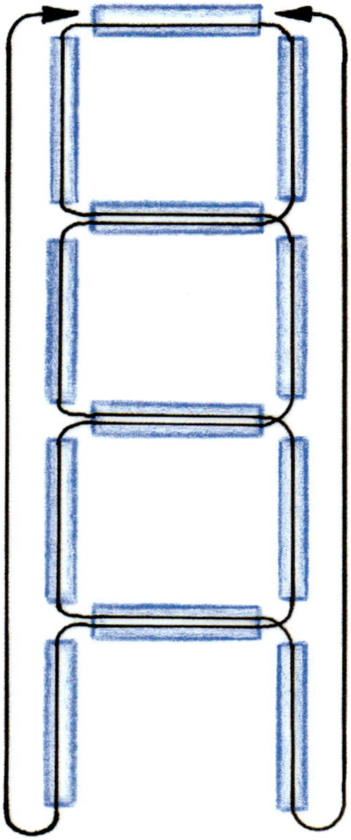

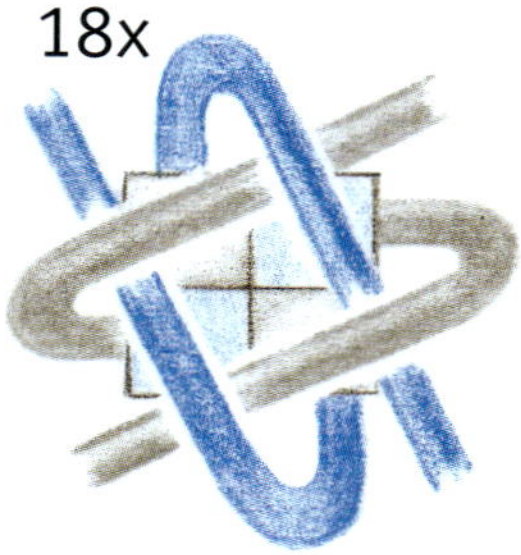

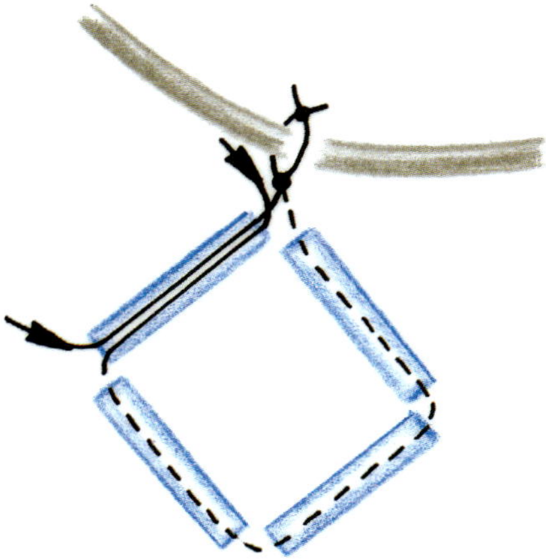

Anhänger mit Kugel

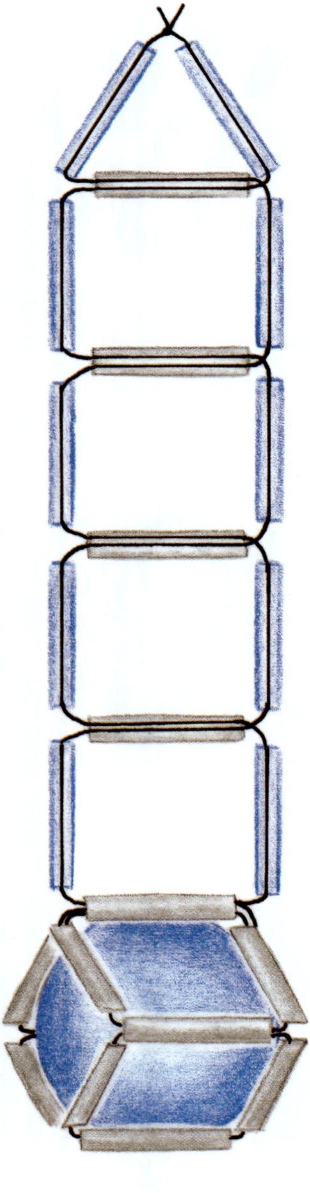

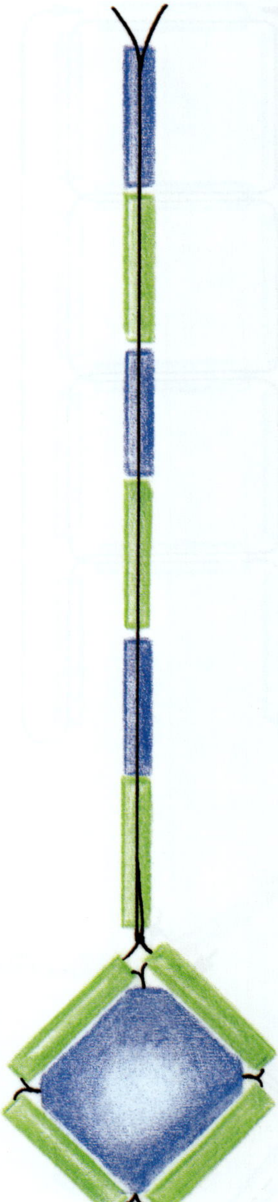

Grüne Kette

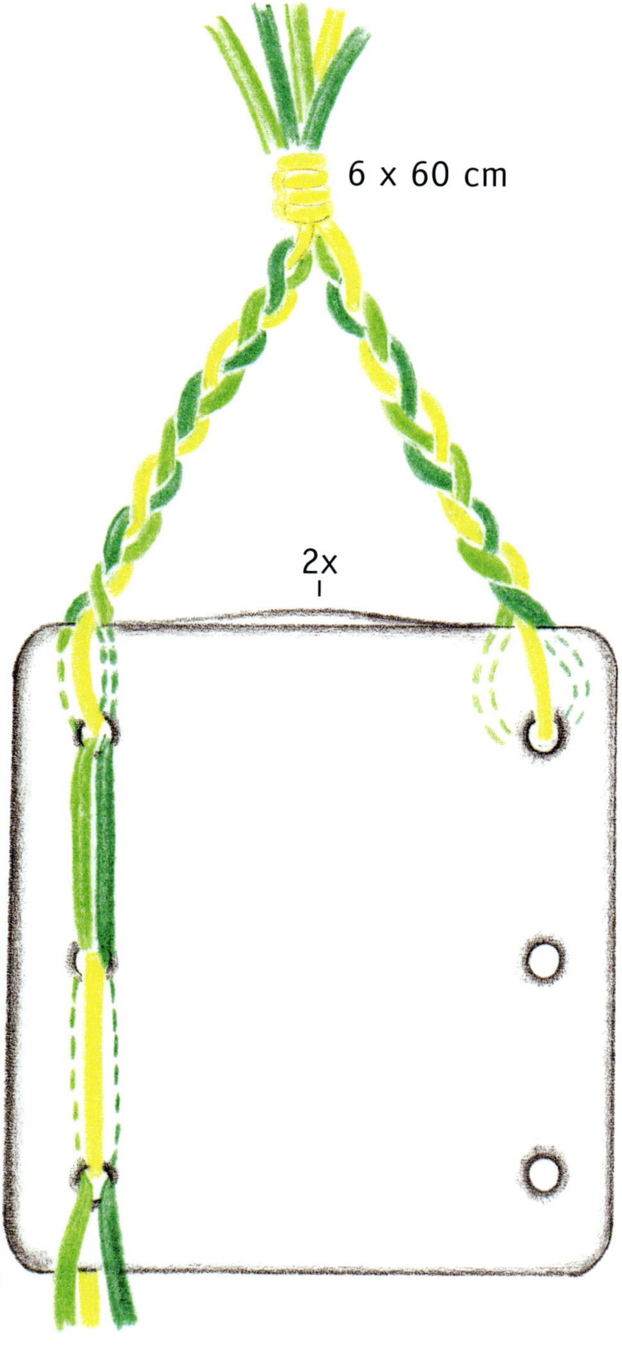

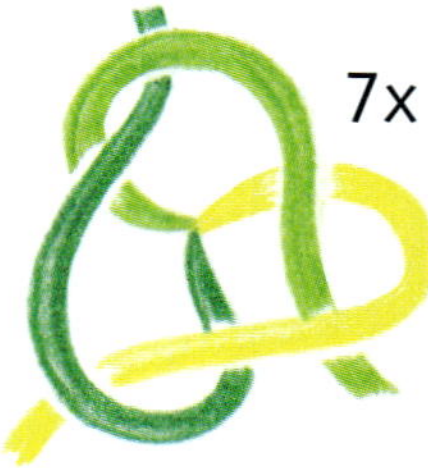

Blaue Kette

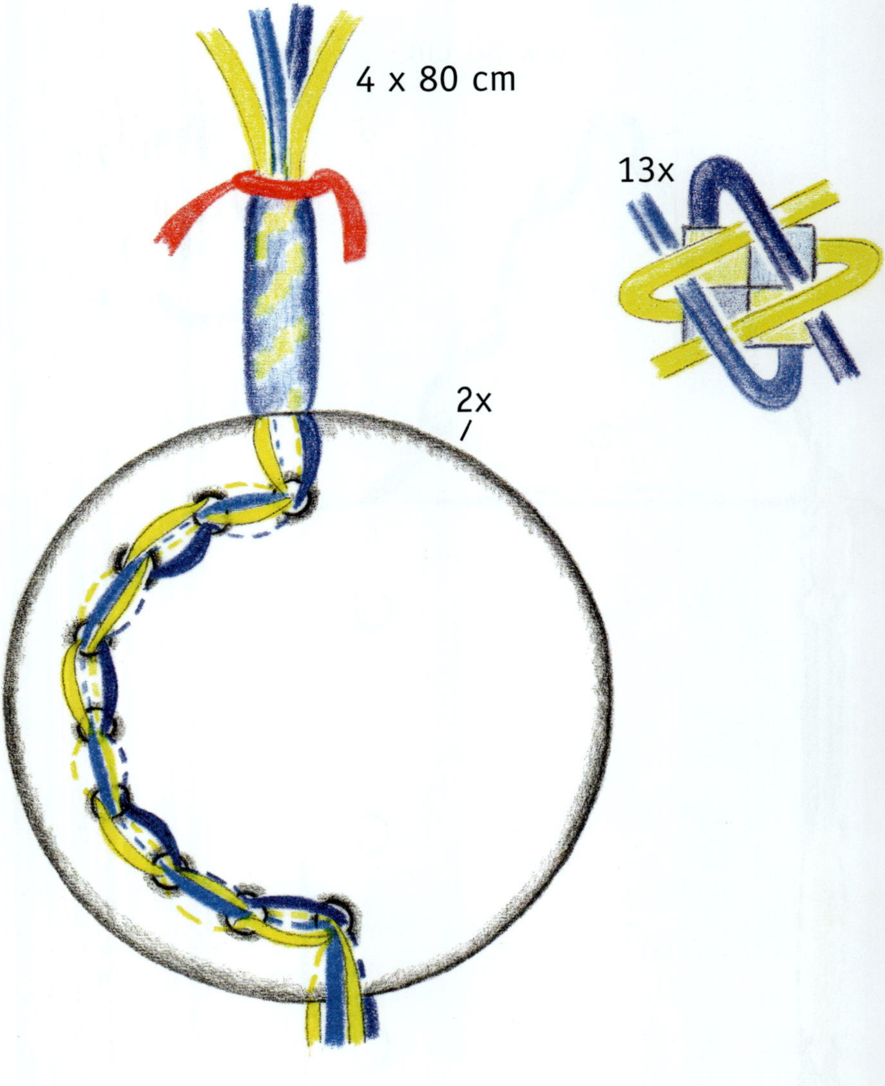

Schnecke

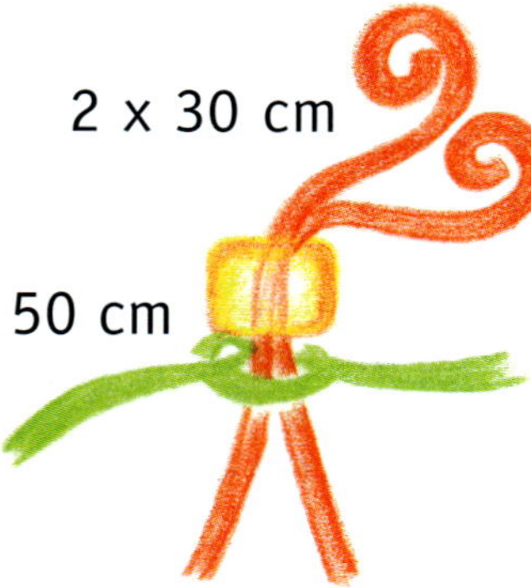

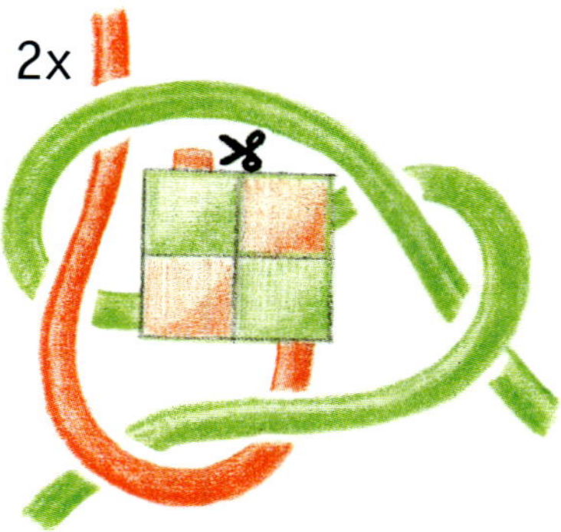

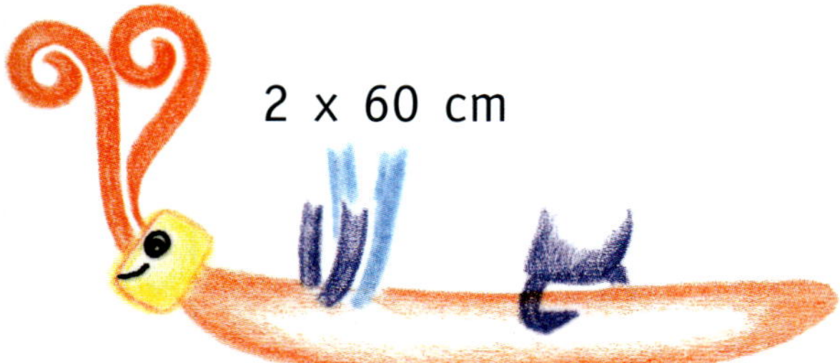

Bär

Abbildung & Materialangaben Seite 20/21

1. Auf eine orangefarbene Schnur (50 cm) zwei Perlen mit etwas Abstand in die Mitte schieben. Dazwischen mittig drei 50 cm lange Schnüre einhängen. Vier Knoten (viereckig) mit acht Schnüren arbeiten (die Perlenschnur ist die Querschnur). Mit je vier Schnüren jeweils neun Knoten (viereckig) legen (Bauch). Eine Schnur durch das Ende des anderen Geflechts ziehen und mit einer anderen Schnur auf der Rückseite verknoten; die Enden des Geflechts zusätzlich kleben. Die Enden kürzen und verschmelzen.

2. Als Arme zwei kurze Schnüre bogenförmig einziehen. Als Bauch eine Kugel einkleben. Rocailles als Augen und die Herzperle als Nase mit Perlonfaden aufnähen. Eine Aufhängung aus Perlonfaden einhängen.

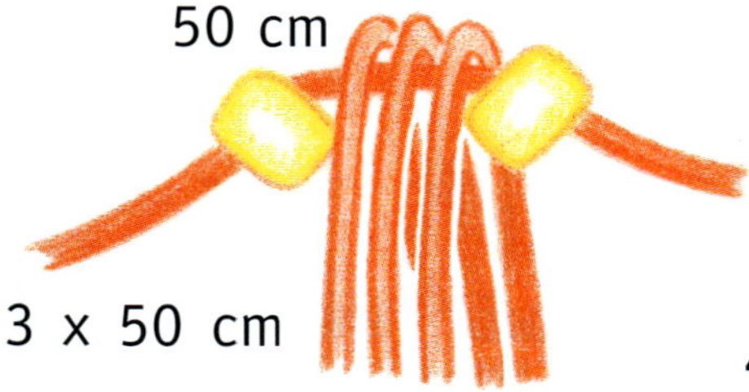
50 cm
3 x 50 cm

4x

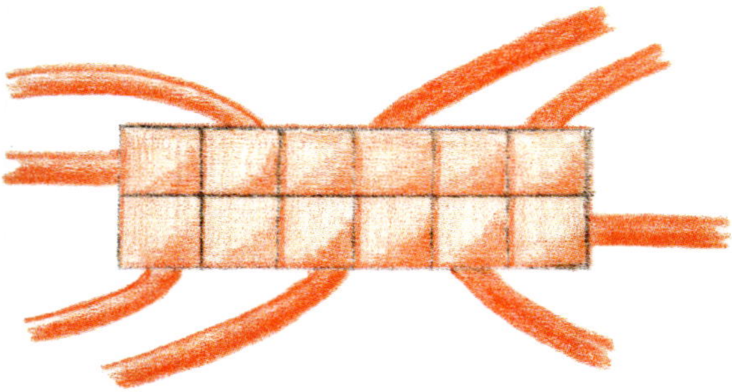

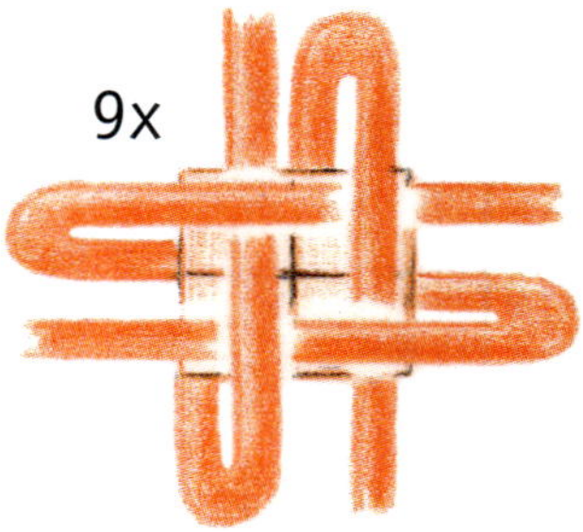
9x

Beach-Beauties in Hellgrün

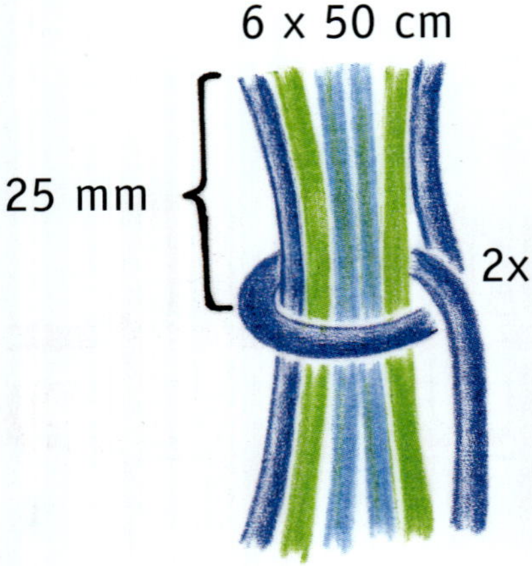

Beach-Beauties in Orange

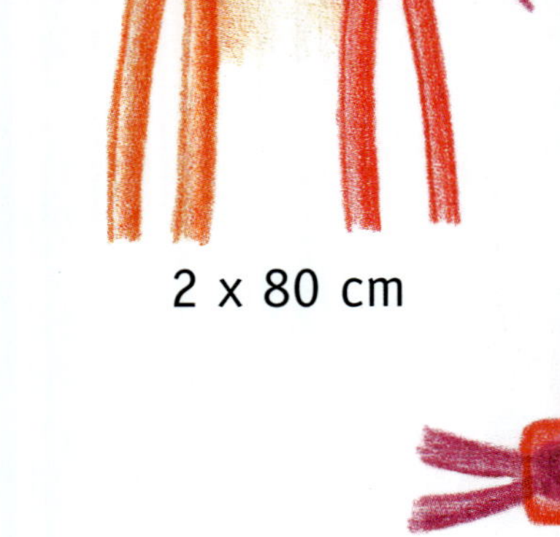

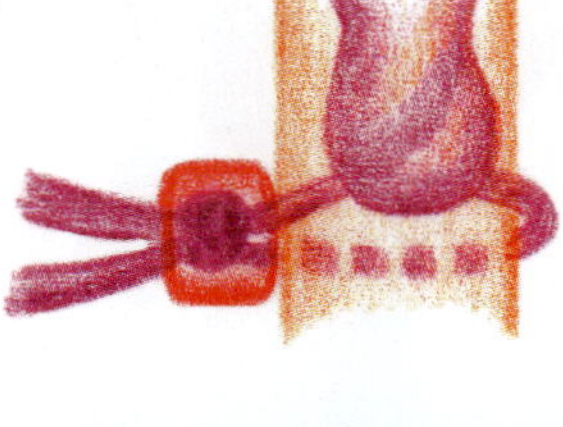

Igel & Bilderrahmen

Material

Igel

- Schnüre in Schwarz (opak), Grau (mit Glitter)
- Holzperle in Dunkelbraun, 8 mm ∅
- 3 Rocailles in Schwarz, 3,1 mm ∅
- Perlonfaden, 0,25 mm ∅
- Acrylschliffperle, 2 cm ∅
- Sticknadel

Bilderrahmen

- Schnüre in Schwarz, Blau, Smaragd, Hellgrün (opak)
- Transparente Folie, 0,4 mm
- Moosgummi in Grün, 1 mm
- Sekundenkleber

Vorlagenheft
Seiten 18, 19

Igel

1 Die Holzperle in die Mitte einer grauen Schnur (40 cm) schieben. Die Enden verknoten und dabei mittig zwei graue Schnüre (je 40 cm) einhängen. Zwei Knoten (viereckig) mit sechs Schnüren arbeiten; beim zweiten Knoten mittig eine graue Schnur (40 cm) längs einbauen. Den Kopf mit drei Knoten (viereckig) mit acht Schnüren beenden. Augen anbinden.

2 Drei Schnüre unten verknoten und nach etwa 5 mm abschneiden. Auf die übrigen Schnüre 12 mm lange schwarze und graue Schnüre 4 bis 5 cm weit dicht aufschieben; dazu jeden Abschnitt in der Mitte knicken und mit einer kleinen spitzen Schere längs einschneiden. Mit einer großen Sticknadel die Stacheln auffädeln.

3 Zuletzt vier Schnüre mit der fünften Schnur mit zwei Schlingenknoten so bündeln, dass ein schöner runder „Stachelpelz“ stehen bleibt; die Überstände in Stachellänge abschneiden. Evtl. mit Perlonfaden und einer Rocaille eine Perle im Inneren des Igels fixieren.

Für den Bilderrahmen je eine Schnur in Schwarz, Blau, Smaragd und Hellgrün zu einer 14 cm langen Rundschnur verarbeiten. Dazu die Schnüre für den ersten Knoten mit einer separaten Schnur zusammenhalten. Die Enden des Geflechts zusammenkleben und zusammenbinden. Für die Aufhängung eine blaue Schnur mittig an der Nahtstelle einhängen und verknoten. Nach 10 cm erneut einen Knoten legen. Einen Kreis (ca. 4 cm ∅) aus transparenter Folie ausschneiden, ein ebenso großes Foto dahinter legen und in den Scoubidou-Rahmen einklemmen. Eine Rückwand aus Moosgummi (ca. 4,7 cm ∅) fixieren.

Bunte Vögel

Eisvogel

1 Zwei blaue 50 cm lange Schnüre mittig in Längsrichtung auf die hellblaue Querschnur (50 cm) legen und zwei Knoten (wie alle weiteren Knoten viereckig) mit sechs Schnüren arbeiten. Beim dritten Knoten einen 2 cm langen Aludraht als Schnabel quer einlegen, beim vierten Knoten mit sechs Schnüren eine orangefarbene Schnur (40 cm) am Rand längs integrieren. Zwei Knoten mit acht Schnüren legen, dabei beim zweiten Knoten eine hellblaue Schnur (30 cm) längs hinzufügen.

2 Vier Knoten mit zehn Schnüren arbeiten, dann die hellblauen Fäden verknoten und abschneiden. Zwei Knoten mit acht Schnüren legen. Die orangefarbenen Schnüre jeweils als Füße verknoten. Zwei Schnüre in der Mitte und die nach vorne zeigende Querschnur abschneiden. Die beiden hinteren Schnüre durch eine Schlinge des Körpers ziehen und zusammen mit der hinteren Querschnur als Schwanzfedern etwa 25 mm lang stehen lassen.

Für den Blüten-Anhänger zwei je 50 cm lange Schnüre (1x orange, 1x blau) mittig in der Blüte einhängen und 18 Knoten (rund) mit vier Schnüren arbeiten. Zuletzt mit den orangefarbenen Schnüren zwei Weberknoten (siehe Seite 4) über die blauen Schnüre legen und je eine blaue Kunststoff-Perle aufziehen. Die Perlen jeweils mit einem Knoten sichern und den Überstand kürzen. Die zwei blauen Schnüre nach etwa 1 cm miteinander verschmelzen. Dazu die beiden Schnüre mit einem Draht zusammenbinden und einen heißen Schraubenzieher auf den Überstand legen. Den Draht entfernen und den Handy-Anhänger befestigen.

Anleitung „Papageien“ siehe Vorlagenheft Seite 22.

Material

Eisvogel

- Schnüre in Blau, Hellblau (jeweils mit Silbereinzug), Orange (mit Glitter)
- Aludraht in Schwarz, 2 mm ∅ oder: schwarze Schnur mit Messingdraht-Einzug (0,8 mm ∅)
- 2 Rocailles in Schwarz, 2,5 mm ∅
- Perlonfaden, 0,25 mm ∅
- Handy-Anhänger

Papageien

- In Rot: Schnüre in Rot, Hellgrün (jeweils mit Silbereinzug)
- In Grün: Schnüre in Grün (mit Glitter), Hellgrün (opak)
- Aludraht in Schwarz, 2 mm ∅ oder: schwarze Schnur mit Messingdraht-Einzug (0,8 mm ∅)
- 2 Rocailles in Schwarz, 2,5 mm ∅
- Perlonfaden, 0,25 mm ∅
- Handy-Anhänger

Blüten-Anhänger

- Schnüre in Blau (mit Silbereinzug), Orange (mit Glitter)
- Kunststoff-Blüte in Blau, 27 mm ∅
- 2 Kunststoff-Perlen in Blau, 7 mm ∅
- Handy-Anhänger
- Befestigungsteil fürs Handy

Vorlagenheft

Seiten 19 – 23

Schlüsselanhänger

Material

In Blau
- Schlüsselkarabiner
- Schnüre in Violett, Blau, Grün (mit Glitter)

In Rot-Gelb
- Schlüsselkarabiner
- Schnüre in Rot, Orange, Gelb (mit Glitter)
- 7 Kunststoff-Perlen in Rot, mit Glitter, 7 mm ∅

Vorlagenheft
Seite 24

Schlüsselanhänger in Blau

1 Für den Schlüsselanhänger je eine Schnur in Violett, Blau und Grün (je 1 m) verwenden. Das Mittelstück (60 cm) zu einem Zopf flechten: Dazu nach 20 cm die drei Schnüre mit einer separaten Schnur zusammenhalten und den Zopf bis auf 20 cm am anderen Ende flechten. Die Schnur lösen und alle sechs Schnüre am Ende des Zopfes damit zusammenhalten.

2 Die sechs Schnur ordnen und neun Knoten (viereckig) knüpfen. Beim zehnten Knoten den Bogen des Karabiners quer zwischen den Querschnüren einlegen und die Längsschnüre jeweils durch den Bogen und wie gewohnt durch die Querfäden ziehen. Einen weiteren Knoten auf dieselbe Weise arbeiten, dann die Schnüre fest anziehen, die Enden abschneiden und verschmelzen.

Schlüsselanhänger in Rot-Gelb

Für den Schlüsselanhänger je eine Schnur in Rot, Orange und Gelb (je 1 m) verwenden. Auf alle drei Schnüre sieben Kunststoff-Perlen aufziehen und mit gleichem Abstand auf dem Mittelstück (60 cm) verteilen. Mit den sechs 20 cm langen Enden neun Knoten (spiralförmig) arbeiten; dazu am besten die Schnüre vor dem ersten Knoten mit einer separaten Schnur zusammenhalten. Dann zwei Knoten (spiralförmig) mit sechs Schnüren legen; dabei jeweils den Bogen des Karabiners quer zwischen den Querschnüren platzieren und die Längsschnüre jeweils durch den Bogen führen.

WILKA

Glitzer-Würfel

Material

- Schnüre in Blau, Grün und Transparent (jeweils mit Silbereinzug)
- Perlonfaden, 0,25 mm ∅
- Handy-Anhänger
- Glaskugeln, ca. 16 mm ∅ in Blau
- Kunststoff-Perle in Blau mit Glitter, 7 mm ∅

Vorlagenheft
Seiten 25, 26

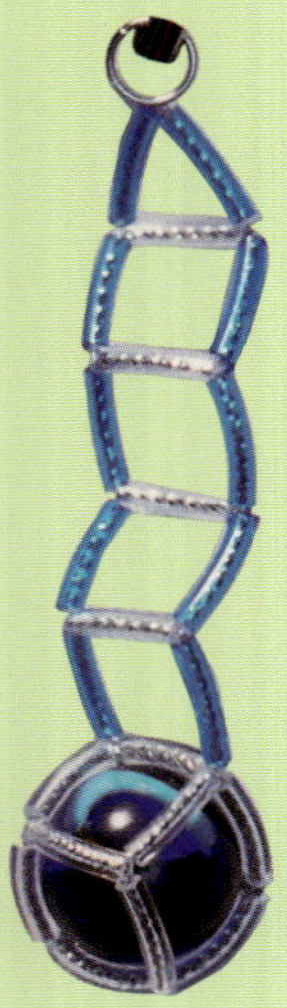

Würfel mit Geflecht

1 Für das Kantenmodell des Würfels zwölf 1 cm lange Schnüre abschneiden und mit einem Perlonfaden (etwa 30 cm) nach Vorlage aufziehen, dabei das erste Stück in die Mitte des Fadens schieben. Zuletzt beide Enden des Fadens entgegengesetzt durch das erste Schnurstück ziehen. Wenn die Fäden, wie in diesem Fall, an der Ecke des Würfels liegen sollen, ein Ende durch drei Schnurstücke zum anderen Faden ziehen.

2 Die Fadenenden miteinander verknoten. Den Perlonfaden mittig an einer silbernen (transparent mit Silbereinzug) Schnur (50 cm) festbinden. Eine blaue Schnur (50 cm) mit der Mitte senkrecht zur silbernen Schnur auflegen und mit den vier Schnüren ein rundes Geflecht mit etwa 18 Knoten erstellen. Anschließend die silberfarbenen Enden abschneiden, die blauen Enden entgegengesetzt durch eine Kunststoff-Perle führen und die Enden mit Draht zusammenbinden oder zur Schlaufe verschmelzen.

Anhänger mit Kugel

Für die Anhänger ein Kantenmodell des Würfels erstellen, wie oben beschrieben. Vor dem Zusammenziehen des Würfels jeweils eine Glaskugel einlegen. Beim silbernen Würfel mit „Leiter" nach dem Anfertigen des Würfels mit beiden Enden Stücke in Blau und Silber (je 1 cm) nach der Vorlage aufziehen. Zuletzt die Perlonfäden am Handy-Anhänger verknoten. Beim grünen Würfel die Fäden wie oben beschrieben an einer Ecke zusammenführen und verknoten. Grüne und blaue Abschnitte (je 1 cm) auf beide Fadenenden aufschieben.

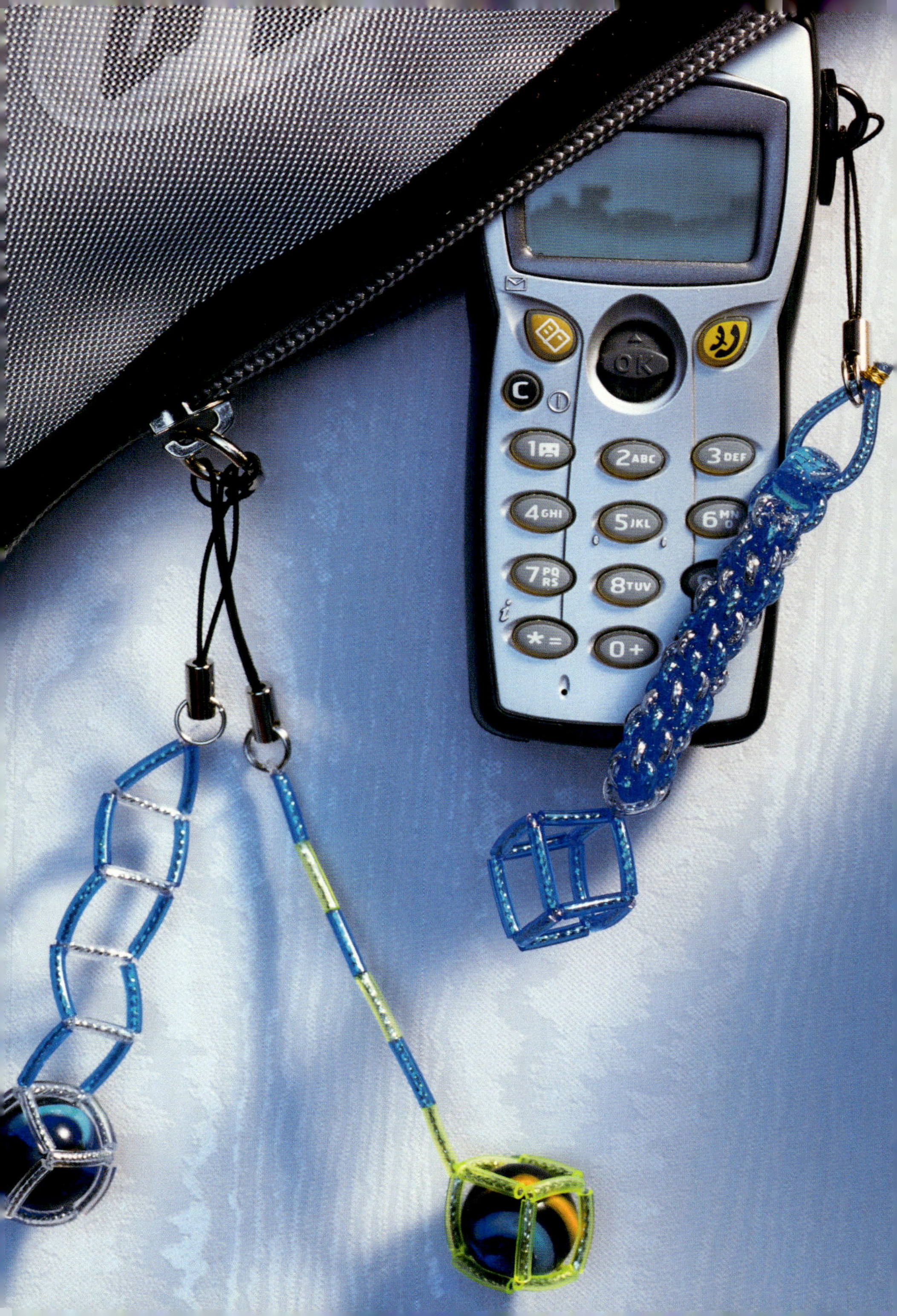
OK
C
1
2ABC
3DEF
4GHI
5JKL
7PQRS
8TUV
*=
0+

Bilderrahmen-Ketten

Material

Grüne Kette

- Schnüre in Grün (mit Glitter), Hellgrün (opak), Transparent (mit Goldeinzug)
- Laternenfolie, 0,2 mm
- 2 Kunststoff-Perlen in Grün mit Glitter, 7 mm ∅
- Bürolocher
- Sticknadel, groß
- Deko-Sauger, 2 cm ∅

Blaue Kette

- Schnüre in Blau (mit Glitter), Hellblau (opak), Transparent (mit Goldeinzug)
- Laternenfolie, 0,2 mm
- Kunststoff-Perle in Hellblau mit Glitter, 7 mm ∅
- Bürolocher
- Sticknadel, groß
- Deko-Sauger, 2 cm ∅

Vorlagenheft
Seiten 27, 28

Grüne Kette

1 Pro Bilderrahmen zwei Quadrate (8 x 8 cm) aus der Folie ausschneiden und die Ecken abrunden. An den Seiten jeweils drei Löcher ausstanzen. Pro Längsseite drei 60 cm lange Schnüre (1x hellgrün, 1x grün, 1x gold) abschneiden. Die sechs Schnüre mit vier Schlingenknoten, die mit einer goldfarbenen Schnur gelegt werden, bündeln. Dann mit je drei Schnüren einen 7 cm langen Zopf arbeiten.

2 Jeweils die goldene Schnur durch das erste Loch im Rahmen (beide Lagen) von vorne nach hinten, die beiden grünen Schnüre links und rechts davon von hinten und vorne ziehen. Im Wechsel weiterarbeiten. Unter dem Rahmen mit je drei Schnüren sieben Knoten (rund) fertigen. Dann die Schnüre wie oben durch die Löcher fädeln und unter dem Rahmen erneut jeweils sieben Knoten (rund) legen. Je eine Perle aufziehen. Die Schnüre auf 2 cm kürzen.

Für die blaue Kette pro Rahmen zwei Kreise (8 cm ∅) aus der Folie schneiden. Je sieben Löcher in zwei aufeinander gelegte Lagen stanzen. Vier 80 cm lange Schnüre (1x blau, 1x hellblau, 2x gold) nach 6 cm mit einer separaten Schnur zusammenhalten und 13 Knoten (rund) arbeiten. Die Schnüre durch die Löcher des Rahmens (2 Lagen!) ziehen: Mit Blau und Gold von vorne nach hinten, mit Hellblau und Gold von hinten nach vorne beginnen. Im Wechsel weiterarbeiten. Dreizehn Knoten (rund) fertigen, dann die Schnüre genauso durch die Löcher des nächsten Rahmens (2 Lagen) ziehen und darunter wieder 13 runde Knoten legen. Eine Perle aufziehen und die Enden nach 2 cm abschneiden. Oben die blauen Fäden kürzen und die goldenen Schnüre verknoten.

Moni Geburtstag!?
Anna anrufen!?

Tiere im Glitzerlook

Material

Schnecke

- Schnüre in Orange und Hellgrün, Blau und Hellblau (alle mit Silbereinzug)
- Kunststoff-Perle in Gold mit Glitter, 7 mm
- Glaskugel in Blau, ca. 16 mm ∅
- Acrylfarben in Schwarz, Weiß
- Perlonfaden, 0,25 mm ∅
- Klangstäbe in Gold, 4/5/6 cm
- Sticknadel, groß

Bär

- Schnüre in Orange (mit Silbereinzug)
- Rocailles in Schwarz, 2,5 mm ∅
- Glasperle „Herz" in Rot, 5 mm
- 2 Kunststoff-Perlen in Gold mit Glitter, 7 mm ∅
- Glaskugel in Rot, ca. 17 mm ∅
- Perlonfaden, 0,25 mm ∅
- Sticknadel, groß

Vorlagenheft
Seiten 29 – 31

Schnecke

1 Zwei 30 cm lange orangefarbene Schnüre abschneiden. Jeweils an einem Ende je 5 cm Messingdraht einziehen. Die beiden Drahtschnüre durch die Perle ziehen und mit einer Zange spiralförmig eindrehen. Eine grüne Schnur (50 cm lang) mittig unter der Perle anknoten. Zwanzig Knoten (rund) mit vier Schnüren arbeiten und danach eine orangefarbene Schnur abschneiden. Zwei Knoten (rund) mit drei Schnüren knüpfen, dann die Enden abschneiden und verschmelzen. Das Gesicht mit Acrylfarben aufmalen.

2 Eine blaue und hellblaue Schnur (je 60 cm) mittig am Schneckenkörper einhängen und 19 Knoten (rund) mit vier Schnüren arbeiten. Die Schnüre erneut am Körper einhängen und verknoten. Überstände abschneiden und verschmelzen. Eine Kugel im Schneckenhaus einkleben. Mit Perlonfaden Klangstäbe anbinden und eine Aufhängung einziehen.

Anleitung „Bär" siehe Vorlagenheft Seite 30.

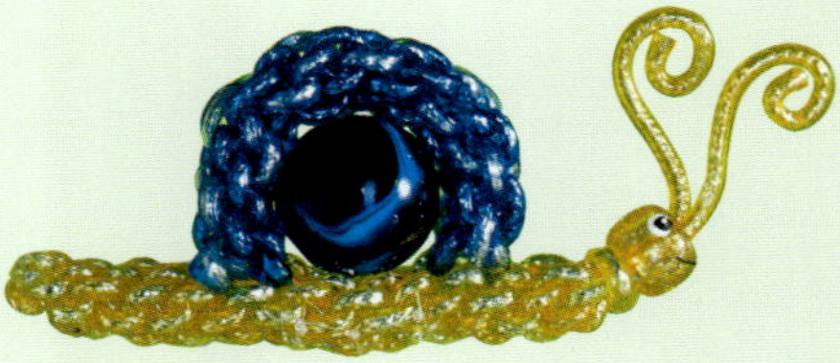

Beach-Beauties

Material

In Hellgrün

- Strandschuhe in Hellgrün
- Schnüre in Blau (mit Glitter), Smaragd (opak), Hellgrün (mit Silbereinzug)
- Sekundenkleber

In Orange

- Strandschuhe in Orange
- Schnüre in Violett, Rot, Orange (mit Glitter)
- 2 Kunststoff-Perlen in Rot mit Glitter, 7 mm ∅

Vorlagenheft
Seite 32

In Hellgrün

Je zwei blaue, zwei smaragdfarbene und zwei hellgrüne Schnüre (je 50 cm) mit einem blauen Faden etwa 25 mm vom Ende entfernt mit zwei Schlingenknoten bündeln. Anschließend 24 bis 30 Knoten (viereckig) mit sechs Schnüren arbeiten. Zuletzt die Enden wieder mit einer blauen Schnur mit zwei Schlingenknoten bündeln. Die seitlich abstehende blaue Schnur abschneiden und verschmelzen, die übrigen Schnüre nach etwa 25 mm gleichmäßig kürzen. Für jeden Schuh zwei Flechtwerke arbeiten und mit Sekundenkleber auf den Plastikriemen fixieren.

In Orange

Eine 1 m lange violette Schnur mittig am Riemen des Schuhs vorne einhängen und darüber einmal verknoten. Eine rote und orangefarbene Schnur (je 80 cm) mittig einhängen, dann Knoten (spiralförmig) mit sechs Schnüren arbeiten. Wenn die violettfarbene Schnur zur Neige geht, ein Ende unter und ein Ende über den Riemen legen und die Enden seitlich oder außen dreimal miteinander verknoten. Beide Enden durch eine rote Perle ziehen und diese mit Sekundenkleber über den Knoten fixieren. Die Enden der roten und orangefarbenen Schnüre kürzen und verschmelzen. Den anderen Riemen genauso schmücken, ebenso die beiden Riemen des zweiten Schuhs.

Impressum

© Christophorus
im Verlag Herder
Freiburg in Breisgau 2004
Alle Rechte vorbehalten –
Printed in Germany
ISBN 3-419-56644-1

Lektorat:
Irmgard Böhler, Wiesbaden

Styling und Fotos:
Roland Krieg, Waldkirch

Layoutentwurf:
Network!, München

Gesamtproduktion:
smp, Freiburg

Satz:
Gisa Bonfig, Freiburg

Druck:
Freiburger Graphische Betriebe

Wir sind für Sie da, wenn Sie Fragen haben.
Und wir interessieren uns für Ihre eigenen Ideen und Anregungen.
Schreiben Sie uns, wir hören gern von Ihnen!
Ihr Christophorus-Team

Verlag Herder GmbH
Christophorus-Verlag
Hermann-Herder-Str. 4
79104 Freiburg
Tel.: 0761/2717-0
Fax: 0761/2717-352
e-mail:
info@christophorus-verlag.de
www.christophorus-verlag.de

Weitere Titel aus dieser Reihe

3-419-56633-6

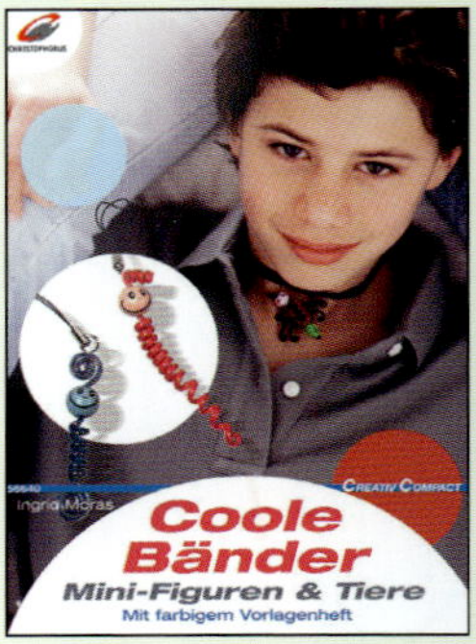

3-419-56640-9

3-419-56635-2

3-419-56634-4

3-419-56641-7

3-419-56642-5